JN079758

さよなら！一強政治

徹底ルポ
小選挙区制の日本と比例代表制のノルウェー

三井マリ子
Mariko Mitsui

旬報社

まえがき

このまえがきを書いている今、新型コロナウイルスの爆発的感染が地球を覆っている。

コロナ禍は社会的に不利な立場の人々を、よりいっそう不利な境遇に追い込んでいる。そして、不利な立場の人々、つまり失業、解雇、貧困、DVなどの辛酸をなめている人々の多くは、女性である。

WHOの二〇一九年調査によれば、女性は、世界の保健医療部門の約七割、うち看護分野の約八割を占める。しかし、その保健医療部門の多くは、「パートタイム労働者」「臨時雇い」であり、解雇や時短、セクハラなどにさらされている。WHOは、性による平等の視点で政策を変革する必要性を提言する。


日本はどうか。看護師の九割が女性、非正規職の七割が女性である。そして国会議員（衆院）に女性は一割しかいない。この、国会議員の女性の少なさは目を覆うばかりで、なんと世界一九三か国中一六六位だ（IPU、二〇二〇年六月）。

社会の決まりごとを決定するのは国会議員や地方議員である。男性が九割の国会で、女性たちの声に真摯に応えるような政策が生まれるはずはない。

なぜ、日本は、こんなにも女性議員が少ないのだろうか。

男女平等を願って運動してきた私の数十年の体験から言えば、その最大の理由は選挙制度にある。

日本の衆議院議員の選出方法は「小選挙区比例代表並立制」だが、この制度をよく見ると、「比例代表制」が小選挙区制をご都合主義的に補完するために使われているだけであって、この選挙制度の下では、女性（世襲は別）や少数派の出る幕などほとんどないに等しいのである。

では、この小選挙区制中心の選挙で選ばれた議員たちによる日本の政治はどうなっているのか。

森友学園事件を見てほしい。

「森友学園」を建てようとしていた塚本幼稚園は、「日本民族のための日本民族の憲法の創出」を掲げて、子どもたちに戦時中の教育勅語を暗唱させていた。安倍晋三・昭恵夫妻は、その教育方針にいたく感銘を受けたのだろう。妻の昭恵は、園児たちが唱和する姿を見て感涙にむせび、あげくは森友学園の名誉校長まで引き受けた。

安倍政権はこっそりと、「森友学園」のために大阪府豊中市にある国有地を八億円も値引きして売ろうとした。だが闇取引は、豊中市議木村真の執念の調査で明るみに出た。二〇一七年二月の国会で首相安倍は野党から厳しい追及を受けると、「私や妻が関係していれば、首相も国会議員も辞める」と明言した。

ご存知のように、ここから財務官僚たちの歴史的忖度改ざん隠ぺい作業が始まった。財務省は売却にかかわる決裁文書から、安倍晋三や妻昭恵の〝におい〟をすべて消し去った。

ところが今年になって、改ざんを命じられて苦悩の末に自死した財務省近畿財務局職員赤木俊夫の妻雅子が、夫の手記を公表した。そこには「すべて、佐川宣寿局長の指示です」と書かれていた。

手記公表後の世論調査では、森友学園を巡る公文書改ざんについて「再調査する必要がある」は七三・四％、「必要はない」は一九・六％（『共同通信』二〇二〇年三月二八日）。さらに赤木雅子は、再調査を求める署名運動を始め、集まった署名を六月一五日、安倍首相宛てに提出した。その数三五万人超。国会で再調査を要求していた野党に加えて、この圧倒的民意。ところが首相安倍も財務大臣麻生太郎も、「再調査の必要はない」とにべもない態度だ。

なぜこんな、民意を踏みにじったやりたい放題が通用するのか。それは、自民党が国会で圧倒的な数を有しているからである。

しかし、この一強政権の行為、実は民意を正しく反映してはいない。

二〇一七年の衆院選を見てほしい。第一党の自民党は、小選挙区での得票率が五割に満たなかったのに、二八九選挙区のうちの二一八選挙区において、当選者を出すことができた。五割以下の支持で七〜八割の当選者を出した。つまり小選挙区制選挙によって生まれた国会の多数派は、実は「つくられた多数（manufactured majority）」にすぎないのである。

この「つくられた多数」に政治を任せている限り、森友学園事件も、桜を見る会事件も、加計学園事件も、小渕優子事件も、甘利明事件も、カジノ汚職事件も、菅原一秀事件も、河合案里・克行夫妻の巨額買収事件も、黒川弘務検事長定年延長事件も……こんな腐臭のする現象は、永遠になくならないだろう。男性に偏った〝男性主義政治〟も続くだろう。

ではどうしたらいいのか。

選挙制度を、民意がほぼ正確に反映する比例代表制中心に変える以外にない、と私は心から確信するようになった。

法律を変えるのは国会であり、国会議員の多数が変えようと思わない限り変わらないのだから、その困難さはわかっているつもりだ。しかし、この腐臭のする政治のままでいいと考える人は少ないはずだ。

平塚雷鳥は、一九一一年九月、雑誌『青鞜』創刊号に「元始、女性は太陽であった」で始まる宣言文を寄せて、女性解放ののろしをあげた。彼女は、その最後をこう結んでいる。

「烈しく欲求することは事実を産むもっとも確実な真原因である」

そうだ、「比例代表制に」と烈しく欲求することから始めよう。こう心に誓って、私はこの本を書いた。

目次

おことわり　本書では敬称を略させていただいた。また人物の年齢、役職、政党名などは取材時のものである。

第Ⅰ部 小選挙区制の日本

国会前で「女性議員を増やすための法律を」とデモ。
小選挙区制が続く限り男女半々議会は望めそうもない
（2017年4月11日）（伊藤正子川越市議提供）

第一章

喜劇のような悲劇

想田和弘監督『選挙』のDVD

一　ノルウェー人には理解できない「どぶ板選挙」

二〇一四年夏、私は、映画『選挙』のＤＶＤ英語字幕版をスーツケースに入れて、北欧ノルウェーに飛んだ。

映画は、「壮絶『どぶ板選挙』にみるニッポンの民主主義」と広告にあるドキュメンタリー作品で、映像作家の想田和弘が自ら監督・撮影した「コメントなしの徹底した観察」の記録。これをノルウェー人に観てもらって、その反応を通して、日本の選挙のおかしさを表現したいと思った。

映画の観察対象は、二〇〇五年一〇月二三日の神奈川県川崎市議会議員の補欠選挙に立候補した山内和彦。その年、東京で切手コイン商を営む山内和彦は、ひょんなことから自民党の市議会議員の補欠選挙に出馬することになった。彼は政治家の秘書経験もない、ずぶの素人で、しかも、縁もゆかりもない川崎市宮前区への落下傘候補だった。

映画『選挙』は、二〇一四年八月二四日、友人のオーレ・Ｇ・ナルード（一九五八年生まれ）の自宅で、オーレと妻のマグニ・メルヴェールと私の三人で観た。

オーレは、オスロの北部へードマルク県オーモット市にある国立大学准教授（農業経済学）のかたわら市議会議員や県会議員を務める。数年前まで市長だった。大学生の頃、中央党の学生組織に加わって以来、三〇年以上も同党の党員だ。

マグニは、国立大学図書館長を経て、短時間勤務の図書館職員。学生の頃からのフェミニストで、さまざまな女性運動に加わってきた。彼女自身議員経験はないが、両親ともに地方議員だったため、幼い頃から身近に政治があった。現在も国会議員、地方議員の知人を数多く持っている。

介護士の息子は地方議会の代理議員だ（代理議員については一三二頁）。

二人とも来日経験はあるものの、日本型選挙の知識はほとんどゼロだった。

さて、映画『選挙』が始まると……。

主役である山内和彦の振る舞いは、まるでコメディアンだった。「自民党　山内和彦」のタスキをかけた山内が、スピーカーと、「自民党　山内和彦」の大きなのぼり旗と、巨大な顔写真と名前が印刷されたポスターを張った看板を持って、田園都市線の沿線らしき駅前に現れ、マイクで語り始めた。

「小泉自民党の山内和彦です」

ワンフレーズに一度は「山内和彦」が挿入される。通行人のほとんどが無関心に通りすぎる。運動員がチラシを配布しても、受け取ろうとしない。交差点、スーパーの前などでも、「山内和彦」がオウム返しに繰り返される。

オーレとマグニが口を開いた。

「これ、本当に選挙なの？」

「彼は本当に議員の候補者なの？」

「誰も聞いていないじゃないか。誰も彼を見ようともしていないじゃないか。これが日本の選挙運動なら、全く中身がない！（This is nothing!）。なんてくだらないことやっているんだ（This is just a bullshit!）。（私のほうを見て）マリ子も、選挙で、こんなふうに、自分の名前を叫んだりしたのか」

私は、ちょっと恥ずかしくなったが、「ええ、私も自分の名前を叫びました」と小声で言った。二〇一二年の暮れ、私は衆議院選で秋田三区から立候補したのだが、その話は後述する。

「名前の連呼が日本の選挙運動で最も大切」なんて、オーレとマグニにはとても理解できないようだ。オーレは何度も「ナッシング（中身がない）、ナッシング」とつぶやく。私自身の選挙運動を非難されているようで、いたたまれない気持ちになる。

選挙カーでも候補者名の連呼が続けられるのを見ながら、オーレは言った。

「選挙カーで叫び続けるような、あんなやり方は無意味だよ。あのように、朝から晩まで叫び続けるのではなく、ジャーナリストと会って政策を話すとか、もっと違うことに時間とエネルギーを使わなければだめだ。一週間、あんなふうに走りまくって、彼はどういうメッセージを有権者に送れたというのだ」

映画の山内和彦は、背広姿のまま、地域の夏祭りで神輿をかつぐ。高齢者スポーツ大会で「イッチニ、サンシ」とラジオ体操もする。国会議員や地方議員も一緒になって、大まじめに汗を流す。山内は、自民党の県会議員と一緒に川崎市宮前区内三〇か所の夏祭りを全部回ったのだそうだ。

ノルウェーの二人は、「ハァーッ」とため息をついたり、のけぞったり、首を横に振ったり。山内がラジオ体操をしているとき、オーレは「体操したら政策が伝わるというのかね」「ぼくは、こんな体操には絶対に参加したくない」と少々声を荒げた。

ジョークの得意なオーレだが、国会議員や地方議員の神輿かつぎやラジオ体操は、とてもジョークにならないようだ。

マグニ　ポスターや旗には字が大きく書かれているようだけど、あれは何って書いているの？

私　候補者の名前よ。

マグニ　候補者の？　政党の名前ではないの？

私　大きい字は候補者の名前。小さい字は政党の名前。

マグニ　日本の有権者は、どうして政党の名前でなくて、候補者の名前を覚える必要があるの？

私　日本の選挙は、個人の人気投票みたいなものなのよ。

オーレ　どうして候補者の名前だけで、政策の違いがわかるの？

私　名前だけでは政策はわからないけど、とにかく日本では、有権者は投票所で自分の手で鉛筆を持って投票用紙に支持する候補者の名前を書かなければならないの。だから……。

マグニとオーレ　投票用紙に候補者の名前を書くの⁈

オーレ　ノルウェーでは、市議会議員候補の名前を覚えている人はまずいないでしょう。ぼくは、自分の選挙区の中央党の候補者名は覚えているけど（彼は中央党の幹部で選挙責任者）。他の政党の候補の名までは、ちゃんと覚えていませんよ。

私　田中角栄という首相がいた。贈収賄事件で逮捕されて有罪となって、のちに娘が同じ選挙区から立候補した。一度、その選挙区に取材に行きました。そこの人たちは代々、選挙と言えば投票用紙に「田中」と書くこと。でも、田中角栄が立候補できなくなって「田中」と書けなくなった。何年かして娘が選挙に出たため、「真紀子さんのおかげで、また『田中』と書けるのがうれしい」と私に言ってたこと、忘れられません。

マグニ　フーン。投票所に行って名前を思い出せなかったらどうするの？

私　投票所のブースに入るとそこに、候補者全員の名前が書かれた紙が張り出されているから……。

マグニ　政党名やそれぞれの政党の公約も書かれているの？

私　候補者の公約は、新聞や選挙広報で報道されます。でも、日本の場合、政党や政治的スタンスよりも個人的関係で投票する人が多いので……。同じ小選挙区制と言っても、イギリスでは、投票用紙に前もって候補者・政党名が印刷されていて、その横に×印をつけるやり方らしい。投票する人に、候補者の名前を書かせるのは世界中で日本だけだって聞いたけど。

マグニとオーレ　そりゃそうでしょう。

私　もうひとつ日本の選挙で変なのは、高額な供託金制度。選挙に出るときに衆議院議員なら三〇〇万円を選挙管理委員会に預けなければならない。こんなに高額の供託金を出さなきゃ立候補できないのも日本だけらしい。

オーレ　供託金？

私　デポジットのことよ。

マグニ　何、それ？

私　立候補するときに候補者が選挙管理委員会に預けるお金で、一定の票をとらないと没収される。私も危なかった。

オーレ　ウーン。落選したら、そのデポジットもとられるなんて踏んだり蹴ったりだね。そのデポジットって、何のためにあるの？

私　ふざけ半分に立候補して名前を売ろうという人を少なくするのが目的でできたらしい。だけど今では、高額すぎて庶民が気軽に立候補できない原因になってしまった。

山内は、「小泉自民党の山内和彦です」と、自民党に小泉をつけることが多かった。二〇〇五年の川崎市議の補欠選挙は、自民党圧勝の衆院選が一か月前に終わったばかりで、小泉旋風は最高潮。山内は、神奈川県選挙区の参院選補欠選挙に出た川口順子候補の応援にやってきた首相小泉純一郎の駅前演説会で、大勢の聴衆を前にして短いスピーチをすることができた。

「僕は、二〇〇一年四月以来、小泉首相に少し似ていると言われてきました」

この場面を英語の字幕で観ていた二人は、そろって首を横に振りながら吐き捨てるように言った。

「なんというバカみたいなこと！（What kind of foolishness is this!）」

「なんてことだ！（What a hell!）」

「彼は市議会議員の候補者でしょ。自分の顔が首相の顔と似ているだなんて。ばかばかしい。議員になろうという人が、こんなバカなことを人前で言うなんて。いくらなんでもこれは信じられない。マリ子はどう思うの」

返事に窮していると、

「ヤマウチはどうかしているよ。どう思うか、返事してよ、マリ子」

私は、「小泉首相と顔が似ている、考えも似ている、だから僕をよろしく、と言っているんです。人気者の首相にあやかりたいのです」と、説明したら、ノルウェーの二人は理解不能の世界に迷い込んでしまったのだろう。黙ってしまった。

映画の主人公山内和彦は、しょっちゅう走る。有権者のもとに駆け寄っては、自分の名前を言って、深々とおじぎをして、相手の手をとって強く握りしめる。そして、すぐまた別の人に駆け寄る。

そんな山内は、自分の選挙事務所に帰ると、今度は、選挙対策委員会（選対）の幹部らしき男性からテーブルをバーンと叩かれて「誰の選挙なんだッ」と怒鳴られて、「すみません、すみません」と必死に頭を下げる。

山内の妻さゆりは、自分の職場から休暇をとって、夫の選挙を手伝っていた。さゆりは「選対の人たちから『(妻ではなく)〝家内〟と言ったほうがいい』、『仕事を辞めたら?』と言われた」と、映画の中で、夫の山内に不満をもらした。すると、山内は妻に「何も怒ることない。ハイ、ハイ、そうですね、でいいんだよ」と言った。

こんな風景にマグニとオーレは嫌悪感をあらわにした。

「政治家は、市民への奉仕者だけど、市民の指導者でもある。市民を指導していく人間が、あんなに必死に走ったり、ペコペコおじぎしたり、自分から握手を求めたりするのは卑屈すぎる。彼の妻の不満はまっとうですね。その妻の意見まで封じるなんて……」

選挙最終日のシーンは駅前だった。

「行ってらっしゃい、山内和彦をどうぞよろしく」

「なんとしても山内和彦を川崎市議会に送ってください。なにとぞよろしくお願いいたします」

山内は、同じ選挙区選出の国会議員山際大志郎や県会議員、市会議員、運動員と一緒に駅頭で一列に並んで絶叫する。

この場面を見ながら、オーレは、

「あれは、票をほしい、とねだっているのではないだろうか。僕の理解に間違いないかな、マリ子」

私自身も、二〇一二年一二月の衆院選中、選対の幹部から、おじぎをもっと深くしたほうがいい、握手は両手をさっと出して、相手の手を、こう両手で包むようにしろ、とジェスチャーつきで教えられた。「選挙最終日には私も一票を私に入れてくださいと懇願した」と私は二人に言った。するとオーレは「そ、それは……」と絶句した。

映画の英語字幕には「beg」が使われていた。「beg」は「物乞いする、金をねだる」という意味で、卑屈なニュアンスがある。「beggar」は「乞食」である。

その昔、三〇代の私は、都立駒場高校教員を退職して都議会議員選挙に立候補しようとしたとき、それを母親に打ち明けると、彼女は反対した。そして「選挙なんて、乞食みたいでいやだね」と不機嫌になった。母親のそんな思い出を話すと、「マリ子の母は強い表現をするね」とオーレは苦笑いした。

選挙こそ民主社会の土台と考えるノルウェーの二人には、候補者の物乞い姿なんて、想像を絶することのようだった。映画の中で、山内自身も「別人格にならないとやれない」と言っていた。

そして山内和彦は川崎市議会議員に当選した。

当選直後の選挙事務所で、涙ながらの山内は、「私のような者のために、お忙しい中……私のような幸せ者はいません。これからは私が皆様にご恩返しする番です」との平身低頭の様子。この姿に、二人の嫌悪感はクライマックスに達した。マグニは「彼の一連の行動は奴隷みたいだ」と吐き捨てるように言う。オーレも続ける。

「今のヤマウチの言葉は、『私はあなたにひざまずき、靴までなめましょう（I'll throw myself at your feet and lick your shoes)』ということだ。こんなの、あまりに卑屈すぎるよ」

その人の靴をなめる、とは、権力の座にある人に徹底してこびへつらうという意味で、極度の奴隷根性を表すときの言葉だ。シェイクスピアの戯曲にあるらしいが、今ではあまり用いられない英語表現だ。

山内が当選したとわかった夜、彼の選挙事務所で、運動員らしき男性が、「これから、センセイって呼ぶんだよね」と仲間に耳うちした。それまでさんざん怒鳴られたり、こけにされたりしてきた候補者山内和彦が、「センセイ」に変身した瞬間だった。

その運動員の言葉「センセイ」にオーレとマグニが反応した。

オーレとマグニ　センセイって、何のこと?

私　目上の人を日本ではセンセイって呼ぶんです。候補者が当選すると、周りがそう呼ぶようになるの。

選挙のときには奴隷のように卑屈だった人も、当選すれば「センセイ」になる。あの「甘利事件」で誰もが知ったことだが、センセイの秘書までが、行政の幹部を呼びつけたり難癖つけたりする力を持つ。のちに書くが、私も選挙後、参議院議員松浦大悟（当時）の秘書から怒鳴りつけられたが、それは参議院議員というセンセイの威光を笠に着ていたからだ。
市長や議員になっても、いや首相でも大臣であっても、以前と同じファーストネームで呼び合うノルウェーの人たちには、「センセイ」の意味を理解するのは困難なようだ。
日本だと、一時の卑屈な儀式に耐えに耐えてしまえば、殿様・姫様のような振る舞いも可能になる。そう説明すると、二人は次のように反応した。

オーレ　クレイジーだね。

マグニ　ノルウェーの選挙とはあまりに違いすぎる。日本の選挙は哀れすぎる。

オーレ　あの人たちは、僕らと同じ人間とはとても思えない。別の惑星の生き物みたいだ。

マグニ　あんなへりくだった態度で市民の代表になろうとしてはいけない。何かが大きく間違っている。

オーレ　日本人にもそのおかしさに気づいている人が必ずいるはずだ。

オーレとマグニ　これは絶対変えなくてはいけない。

マグニ　いや、こんな選挙とは全く違ったやり方で当選する人が出てくるはずです。

私　映画に出てきたでしょ（参議院議員荻原健司のこと）。オリンピック選手なら名前と顔が売れているから、物乞い選挙とは違う選挙をやれる。

オーレ　違うよ、マリ子。マグニが言ったのは、オリンピック選手とかタレントではなく普通の人間で、という意味だ。そういう日本人が出てくるはず！

二　候補者同士の討論を禁じる日本

映画を見終わって、二人は言った。

「映画にはなかったようだけれど、候補者同士の政策討論会はいつやるの？」

「日本では、選挙期間中は、候補者が一堂に集まっての討論会はやれない。法律で禁止されているの」

すると二人は「そんなことは絶対ありえない。冗談だよね」と言い張った。

選挙中に、候補者が同じ場所に集まっての討論会は、公職選挙法一六四条で禁止されていると説明した。

そして、日本の選挙には本格的な政策議論がほとんどないことを、私が縷々《るる》話すと、オーレが怒り出した。

ノルウェーの選挙には選挙期間というものがない。年がら年中選挙期間とも言える。ノルウェーの選挙で最も大事な運動は、政党同士の政策討論会と戸別訪問である。日本ではどちらも禁じられている。

「マリ子は、選挙期間がたったの一二日間で、その間は候補者たちがそろっての討論会ができないと言ってるんだよね？　選挙で一番大事なのは政策討論だよ。候補者が、政策を発表して、お互いに議論しあって、有権者は初めて政策の違いがわかるのに、日本の有権者は、どんな基準でどうやって候補者を選ぶのだろうか。選挙で、他の候補者と議論をしたり、ほかの候補者の考えに反対する意見を表明したりできないなんて、おかしいよ」

私もそう思う、とあいづちを打つが、彼はまだ怒りがおさまらない口調で、こう力説する。

「選挙キャンペーンというのは、長期間にわたってやらなければ、人々に伝わらないし、人々に判断してもらえない。つまり有権者は、短期間では、どの党に入れたらいいかを選択する根拠を与えられない。映画で、ヤマウチは『小泉構造改革を進める』と叫んでいた。公共サービスを縮小して民営化するということだよね。その彼が近所の母親には、保育園を充実させて子育てしやすくすると約束していた。そこには大きな矛盾がある。しかし、そうした矛盾は、政策の中身を詳しく具体的に繰り返し説明したり、異なった政策を持つ政党と比べたりしなければ、有権者にはわかりにくい。それをやるには長い選挙期間がいるし、候補者同士の討論が絶対に不可欠なんだよ」

オーレは、怖い顔をして、本気で怒った。本当に怒らなければならないのは私たち日本人のはずなのに。

ノルウェー人の怒りを買った日本の選挙。その欠点や弊害を、改めて見直してみる。まず、日本の政治家や政治家を志す人間は、名前と顔を売ることにほぼすべてのエネルギーを投じている。

だから、世襲候補やメディアで名前の売れている知名度の高い人でない限り、選挙と言えば、駅前に立って名前を絶叫したり、宣伝カーで連呼したりする。遠くからでも名前と顔が見えるようなポスターをはりまくる。農村地区では、ポスターをはった立て看板がカカシのように田んぼや空き地に立ち現れる。

選挙の候補者が一堂に会して政策を討論し合う機会はほとんどない。「ほとんどない」と言うのは、選挙が告示（公示）される前なら、テレビ局や市民団体など第三者が主催して討論会を開くことはできるからだ。

でも、選挙前ゆえ一般の関心は高くない。票につながらないような場に足を運びたくない候補者が出るのは当然であり、とくに自民党候補など有力候補の参加をとりつけるのは至難の業だ。だから、討論会はほとんど成立しない。よってメディアもあまり報道しない。

映画『選挙』の川崎市議補欠選の候補は、山内和彦（自民）、太田公子（民主）、渡辺あつ子（神奈川ネット）、藤井一夫（共産）だったが、四人が集まって討論会をした形跡はなかった。

川崎市議補選だけではない。日本で選挙中に許されている選挙運動は、候補者や政党が一方的に話す演説なのだ。

候補者の政策は、それへの対論や質問の受け答えがあって初めて、利点や欠点が浮かび上がる。政策の比較なしにどうやって、複数の候補者から一人を選べるというのか。その比較検討の場である討論会がないなんて、「絶対にありえない」と怒るオーレは、正しい。

ノルウェーでは、選挙と言えば討論だ。

第II部で詳述するが、政策の違いをわかりやすく掲げて、政党同士が丁々発止《ちょうちょうはっし》で意見を言い合う。討論会は、投票日の一か月ほど前から、全国津々浦々のメイン広場で、マーケットで、図書館で、高校で、大学で、行われる。そのいくつかは、テレビで全国放映されて国民に伝わる。

ノルウェーの政党は左派リーグと右派リーグに分かれていて、両派それぞれの最大政党代表の一騎打ちが、討論会のハイライトとなる。ほかに、さまざまなタイプの討論会が開かれる。全党首がそろったり、政党青年部の代表の顔ぶれだったり、ある政策テーマに責任ある大臣や現議員・前議員だったり、市民運動家や地域代表が加わることも多い。

新聞では、日本の「論壇」にあたる紙面が、選挙向けに変貌する。たとえば社会保障充実の是非をめぐって、賛成派が論陣をはると、翌日、反対派が意見を載せるという具合だ。さらにテーマによっては候補者ではない市民の意見も加わる。論者の氏名と政党名に加えて、顔写真も載る。日本にも紙上討論会という言葉はあるが、ノルウェーの紙上討論会は、選挙が近づくと各党の政策討論の決闘の場と化すのだ。

三　「一票の格差」の違憲は永遠に続く

山内和彦が出た川崎市議会議員の補欠選挙の投票率は、わずか三五％だった。同日行われた神奈川県の参議院議員の補欠選挙に至っては、もっと低い三二・七％だった。どちらの選挙も六割以上の有権者にそっぽをむかれたことになる。これは重大だ。

映画に出てきた川崎市議会議員選も神奈川県の参議院議員選も、通常は一選挙区から複数の当選者を選ぶ選挙だから厳密な小選挙区制とは言えないが、今回、たまたま一人を選ぶ補欠選挙だったので、純粋の小選挙区制選挙だった。

一人しか当選しない小選挙区選挙では、どの候補者が当選するかはほぼ読める。自分の票が「死に票」になるとわかっていてわざわざ投票所に足を運ぶような、そんな奇特な人は少ないに決まっている。

川崎市議補欠選の候補四人の結果は、山内和彦（自民）二万五四四票・三七％、太田公子（民主）一万九五三四票・三五％、渡辺あつ子（神奈川ネット）九五二三票・一七％、藤井一夫（共産）五七九〇票・一〇％だった。

山内は、わずか三七％で議席を獲得した。一方、山内以外の候補者に入れた人の票は三万四八四七人、全有効投票の六三％である。この膨大な票はそっくりドブに捨てられたことになる。

同時に行われた神奈川県参議員補欠選は、映画に出てきた川口順子（自民）のほかに、牧山弘恵（民主）、畑野君枝（共産）。三人が争った。得票率は、それぞれ五〇・二％、三三・四％、一六・四％だった。ここでも、民主、共産に入れた人たちの一票は全く議席に反映されない。その数、つまり死に票、一一四万一〇九六票！

一〇〇万票以上が捨てられる小選挙区制選挙をそのままにしていて、一人一票の大切さを叫ぶのは、こっけいとしか言いようがない。

これに対して比例代表制のノルウェーでは、政党に一票を投じる。選挙区の定数が七人だとすると各党の得票率にほぼ比例して、たとえばA党三人、B党二人、C党一人、D党一人というふうに議席数が決まる。ほとんどの人が、支持政党の代表を一人は国会に送ることができる。

だから比例代表制選挙なら、こんな死に票問題は絶対ありえない。

映画『選挙』には出てこなかったが、日本には、住んでいる場所で一票の価値が異なるという深刻な問題もある。

弁護士グループが、「憲法一四条がすべての国民は『法の下に平等』だと定めているのだから、一票の価値に大きな格差があることは憲法一四条に反している」と何度も提訴してきた。

最近では、二〇一九年一〇月、高松高裁が、同年七月の参院選での各選挙区の定数配分は「違憲状態」だとの判断を下した。一票の格差是正が少々なされたものの「弥縫《びほう》策にすぎない。最高裁の合憲判断の前提が崩れ、格差是正が放置されたまま選挙を迎えた」と批判した。

一票の格差をなくすには大手術をしなくてはならないのに、絆創膏をはっただけではないか、と高松高裁は言ったのである。

「弥縫策」と批判されたのは、二〇一八年の改正だ。埼玉選挙区の定数を二つ増やしたどさくさまぎれに、一票の格差解消に関係のない比例区を四増やした。しかも政党が決めた候補が当選できるような「特定枠」を設けた（特定枠の動機は不純だったが、山本太郎が推す舩後靖彦・木村英子の当選という「ひょうたんから駒」を生んだ）。

しかし、である。人口二三一万人の宮城県も、七八万人の福井県も、議員の定数はそれぞれ一人。人口に三倍もの差があるのに、国会には代表を一人しか送れない。一票の格差、実に三倍！

参院選の選挙区は定数によって、一人区、二人区、三人区、四人区、六人区とあり、単純ではない。そもそも「四七都道府県＝四七選挙区」だったが、二県で一つにされたため（合区）、四五選挙区になった。その七割以上にあたる三二県は一人区である。つまり参院選のほとんどは小選挙区制選挙なのである。

選挙区から一人を選ぶ小選挙制度のもとで、一票の格差をなくすには、三二県の人口をほぼ同じにしなければいけない。宮城県と福井県の人口が同じになることは、絶対にありえない。こんな「違憲状態」をなくす道、それは選挙区選挙を廃止して、全国を九つか一〇のブロックにして、比例制選挙にすることだ。

比例代表制選挙なら、一票の格差は即座に解消される。

四　日本の選挙は多様性を阻む

オーレとマグニの住むノルウェーのオーモット市は、山間部にある人口四〇〇〇人あまりの小さな自治体だ。市議会議員一九人は、比例代表制で選ばれる。

二〇一五年の統一地方選では、中央党、労働党、左派社会党、保守党、進歩党の五政党から議員が当選し、一九人のうち女性は一一人、割合にして五八%。女性議員の一人は、まだ二〇代で、小さな子どもを二人かかえたシングルマザー。男性議員の一人は、オーモット市に住む外国人だ。市長与党は労働党中心から中央党中心の連立に変わった。

一九八〇年代から在住外国人にも地方参政権が与えられ、オーモット市のような地方はまだ少ないが、オスロ議会は二五%が外国人である。

オーモット市に多様な政党から議員が出て、かつ女性議員が多いのは今に始まったことではない。私が初めて訪れた一九九六年、すでに議会は男女半々だった。それに議員の所属政党も、中央党、労働党、左派社会党、保守党とバラエティに富んでいた。

この多様性に満ちあふれた地方議会は、ノルウェーが比例代表制選挙であることと密接な関係

オーモット市議。19人中女性は11人、政党は5つ、シングルマザーや外国人もいる

がある。

日本なら、このような小さな自治体の議会は、オール男性か、女性がいても一人か二人だろう。

私の住む長野県には七七市町村があるのだが、そのうち一三町村（一六・九％）は、女性議員が一人もいないいわゆる「女性ゼロ議会」だ（二〇一八年当時）。全自治体の約二〇％が「女性ゼロ議会」という報道（『朝日新聞デジタル』二〇一八年一一月一八日）から見ると、長野県は日本の平均だろう。ちなみにオーモットとほぼ同じ人口の川上村は有史以来、一度も女性が立候補していないという。

もうひとつ大きな相違は、議員の所属政党だ。オーモット市は常に四つか五つの政党から議員が出ているが、たとえば長野県川上村は、ホームページによると村長は八期目の長

長野県川上村の議会は全員男性（2017年川上村要覧）

老、議員は以前も今も共産党一人を除いて全員「無所属」だ。無所属といっても自民党系の保守系無所属だろうことは、条例案などに対する議員の賛否などからだいたい想像できる（追記：二〇一九年の統一地方選で、川上村に女性が一人立候補して当選。村政史上初めての女性議員が誕生した）。

日本の地方議会選挙は、議席数全部がひとつの選挙区定数となるところや、いくつかの選挙区に分かれているところがあるものの、投票する側は一枚の用紙に一人の名前を書く。中選挙区制・大選挙区制と呼ばれるが、国際的には、一票でも多くとった候補から順に当選していく「多数代表制」で、要は、小選挙区制の一種だ。

この多様性の時代と言われる二一世紀に、女性ゼロ議会や、一党か二党の代表しかいない画一的議会が一向になくならないのは、小選挙区的選挙だからだと私は思う。

比例代表制なら、多様性を絵に描いたような議会を誕生させることが可能だ。

第一に、選挙で、政党が獲得した票の割合にほぼ比例して、政党の当選者数が決まるから、多様な政党構成になる。

さらにノルウェーの場合、政党が選挙管理委員会に提出する「候補者リスト」の順番にしかけがある。一方の性が四割から六割でなければならないという「クオータ制」をとる政党が一九七〇年代から増えてきて、今ではほとんどの政党が、男女交互のリストをつくる。クオータ制に関しては後述する（一五四〜一五六頁）。

同時に、障がいのある人たちの代表、移民または移民家族の代表……など、社会的に不利な立場の候補を当選圏（候補者リストの上のほう）に載せる傾向がある。

こうして、さまざまな政党の代表だけでなく、一方の性に偏らず、社会的に不利な立場の代表のまじった、オーモットのような地方議会が生まれる。

国会も、日本とノルウェーでは、大きな違いがある。

ノルウェーは、国会議員の四一％が女性だが、日本の衆議院に占める女性議員の割合はわずか一〇％そこそこで、これは世界一九三か国中一六六番目だ（二〇二〇年六月現在）。

その違いを生んでいる最大の理由が、選挙制度だ。日本のような選挙制度を続ける限り、議会で女性は増えようがない。

日本の衆議院とノルウェーの国会議員選挙を比較したら次頁の図表1のようになった。

図表1　ノルウェーと日本の国政選挙比較（2017年）

	ノルウェー（Storting）	日本（衆議院）
投票日	4年ごと9月第1か第2月曜。 2017年9月11日	解散後40日内。 2017年10月22日
議員数（女性）	169人（うち女性41%）	465人（うち女性10%）
選挙制度	比例代表制	小選挙区制中心
候補者届出締切	選挙年の3月31日	選挙公示日
選挙権・被選挙権	ともに18歳以上	18歳以上・25歳以上
候補者選定	推薦会議（法による規定あり）	規定なし
選挙区（定数）	19区（19人から4人ずつ）	289区（1人ずつ）
投票方法	政党名が印刷された 候補者リスト1枚選ぶ	候補者名を自書 （比例:政党名）
選挙期間	なし	12日間
選挙運動	ほぼ何でも自由にできる。 主に政策討論会	べからず選挙。 政策討論会は禁止
事前投票	1か月間。特別に2か月間	公示日翌日から 投票日前日まで 11日間
立候補者	4,438人（26倍） （うち女性42%）	1,180人（2.5倍） （うち女性17.7%）
投票率	78.2%（毎回8割近い）	50%台（過去3回とも）
死に票	ほぼゼロ	2,661万票
供託金	なし	300万円
得票率と議員数	ほぼ比例	乖離（第1党が4割台の 票で議員の7割をとる）

第二章
ほとぼり冷めたら再登場

「桜を見る会」の安倍首相夫妻と参加者
(2019年4月13日)(朝日新聞社提供)

一　閨閥《けいばつ》に彩られたブランド代議士でも

「おじいちゃん、おばあちゃんたちがうれしそうに新宿御苑に向かう。ものすごく地方に元気を与えてくれる会と思っている。そんな名誉なことを受ける方々が増えていくのは悪いことなのか」

首相安倍晋三が「桜を見る会」を自分の選挙運動に使った疑惑について、ヨイショ発言をした下関市長前田晋太郎は、かつて安倍晋三の秘書をしていた（『朝日新聞』二〇一九年一一月一九日）。

「桜を見る会」は、税金を使って行われる公的行事である。七〇年も続いているとかで、二〇一九年に拠出された公費は五五〇〇万円であった。

「桜を見る会」の目的は「各界において功績、功労のあった方々を招き日頃の労苦を慰労するため」とある。世界各国の大使や、衆参議長、大臣、国会議員に加え、各界の代表が招かれて新宿御苑でお花見をする。お酒や食べものがふんだんにふるまわれる。お土産もつく。しかもそれが全部タダ！　新宿御苑は飲酒禁止のはずだ。きっとこの日のために、特別な例外措置もとられたのだろう。

そんな国の公的行事に、安倍晋三の後援会が、選挙区である山口県の自民党議員や後援会・支持者やその家族など約一〇〇〇人を招待した。これは明らかな公費の私的流用なのだから、「悪いこと」に決まっているではないか。

二〇一九年一一月の国会で参議院議員田村智子（共産党）が追及して以来、報道が続いている。対する内閣府は、桜を見る会の「招待者名簿」を大型シュレッダーにかけて破棄した。パソコンからも復元できない、などという見え見えの屁理屈を発表した。首相安倍は「次年度の桜を見る会は中止」を宣言したが、こんな証拠隠滅行為は、国民を舐め切ってなければ到底できることではない。

衆議院議員安倍晋三は、内閣総理大臣という日本国の最高権力の地位を利用し、税金で自分の選挙区の有権者に大盤振る舞いをした。選挙区の人に対して、議員が飲み食いをタダで振る舞うのは「票の買収」とみなすことができる。つまり公職選挙法の買収罪にあたる。候補者本人の場合これは四年以下の懲役・禁錮または一〇〇万円以下の罰金という、重罪なのである。

安倍晋三の選挙区は、新宿御苑のある東京から一〇〇〇キロも離れた山口県衆議院選第四区である。この有権者たちに安倍後援会は、「桜を見る会」で楽しませただけではなかった。「桜を見る会」の日程に合わせて東京観光まで組んでいた。

ツアーは、都内見物コース五つから選択できるようになっていて、前日の朝、山口宇部空港を出て、都内観光。夕方は高級ホテルニューオータニでの「安倍晋三後援会　桜の花を見る会前夜祭」に全員が集結する。そこに安倍夫妻が登場して挨拶をする。翌朝は大型バス一七台を連ねて、ホテルから新宿御苑へ。集合ポイントでは朝早くから首相安倍と写真撮影し、午後三時一五分羽田空港を発って、四時五五分山口宇部空港に帰着。

二〇一九年だけでない。何年間も、安倍事務所は「桜を見る会」を安倍晋三後援会の主要行事に据えてきた。

ホテルニューオータニの前夜祭に参加者が支払った会費は五〇〇〇円と安倍事務所側は言うが、この超低価格だって怪しいものだ。

これらのカネの流れが、政治資金収支報告書のどこにも記載されていないというのだから、こちらは、政治資金規正法の「不記載罪」に該当する。五年以下の禁錮または一〇〇万円以下の罰金、というこれまた重罪である。

首相安倍晋三は、父も祖父も政治家という典型的世襲議員だ。母方の祖父はあの元首相岸信介である。

一九九三年以来、山口県から外務大臣だった父・安倍晋太郎の後継者として連続九回も当選を果たし、他党の対抗候補者を寄せ付けないほど圧倒的に強い。直近の二〇一七年衆院選では、一〇万四八二五票、得票率は七二%だった。

しかしここで、重大なことを忘れてはいけない。

山口県第四選挙区に住む、〝安倍晋三や自民党を支持していない人たち〟は、三〇年もの間、選挙を何度繰り返しても、自分たちが支持する代表者をただの一人も国会に送れていない、という事実である。

これでは、安倍晋三不支持の人にとっては、投票所に足を運んで一票を投じる意味などほとんどないに等しい。自分の投票が経験的に「死に票」になることがわかっているのだから、当然、投票所へ足を運ぶ動機が弱くなる。だから、山口四区の投票率は、たとえば二〇一七年で見ると、五七・六%と低い。

では、なぜ、安倍晋三ともあろう閨閥《けいばつ》に彩られたブランド代議士が、このような買収まがいの選挙違反行為に腐心し続けるのか。

それは、選挙区の個人選挙マシーンを、さらにより強固なものにするべく補修し続けて、次の選挙に備える必要があるからである。選挙マシーンは、安倍晋三が一人、小選挙区で絶対に勝ち続けるためのツール、安倍以外の人物が当選することなど絶対にありえないように固めるためのツールである。

そのために長年にわたって「桜を見る会」を利用してうまくことを運んできたのだが、ついに運も尽きて悪巧みがばれてしまった……これだけの話である。

政治家の悪巧みは、浜の真砂となんとやら、である。桜の会事件の一か月前には、こんな報道もあった。

「政治家なんて、同じようなことをいくらでもやっている。たまたま一秀《いっしゅう》さんが狙われただけの話」（菅原一秀後援会の女性）

これは、「一秀さん」こと衆議院議員菅原一秀が経済産業大臣を辞任したことを報じる新聞の一

文だ（『朝日新聞』二〇一九年一〇月二六日）。
二〇一九年一〇月一七日に菅原一秀（選挙区は東京九区）の公設秘書が、選挙区の支持者の通夜で香典を渡した。その写真が、『週刊文春』（二〇一九年一〇月三一日号）で報道されて、辞任に至った。「一秀さん」の支援者は、「政治家はみんなやっているのに、なぜ彼だけが辞任なのか」と悔しがった。

思い出すのは元経済産業大臣小渕優子の選挙違反疑惑だ。選挙区の群馬県から支援者一〇〇〇人ほどをバスに乗せての明治座観劇を続けていたが、公職選挙法の違法行為で捜索が入る前、選挙事務を取り仕切る重要人物が、もろもろの重要資料が保存されていたであろうパソコンを電気ドリルで破壊していた。

明治座への支払い三三八四万円、支援者から集めた観劇料七四二万円の差額二六四二万円。庶民にとっては目が回るような大金だが、いったいどう処理されたのか。大事な証拠が消されてしまったであろうことは想像できる。

でも、それだけではない。小渕優子は、自身の名前・顔写真入りラベルを貼った紅白のワインを特注して、選挙区の人たちに大盤振る舞い。お歳暮には、下仁田ネギの配送。

これらの乱費は、政治資金収支報告書に正確に書けるはずもない。「一億円の未記載があった」と報道されたが、その後、どうなったのだろう。

うちわを選挙区の東京下町で配っていたのは、法務大臣の松島みどりだった。うちわには、「法

小渕優子経産相と松島みどり法務相は選挙違反疑惑で辞任
（2014年10月20日）（朝日新聞社提供）

務大臣　衆議院議員　松島みどり」という文字、トレードマークの赤いジャケットを来た女性のイラスト、そして「働きます　日本のため　下町のため」とあった。「松島みどり」の五文字はことさら大きく目立つように印刷されていた。

　小渕優子と松島みどりの両人とも、大臣を辞任した。しかし、議員を辞めたわけではない。おそらくは、ほとぼりが冷めるまでの蟄居となるはずである。

　線香と衆議院議員手帳を配っていたのは経済産業大臣茂木敏充（当時）だ。

　自らの選挙区（足利、佐野、栃木）で、何年間にもわたって、有権者の家や葬儀場にひんぱんに足を運んで、線香や衆議院議員手帳を遺族などに手渡してきた。

　国会で追及されて、茂木敏充は事実を認め

た。これは実質的な買収行為であるが、茂木敏充は、「政党支部の政治活動として、秘書が配った」「茂木という名前は書いていない」などと言い訳をして、大臣の辞任を免れてしまった。

この「政党支部」が曲者だ。政党支部という呼び名から、私たち市民は、政治活動を幅広く行うひとかどの組織と思ってしまう。

しかし、小選挙区制のもとでの政党支部は、一人の国会議員（または公認候補）が代表を務めるのであり、政党支部（法律では政党）の事務所というのは衆議院議員茂木敏充の個人事務所のこと。政党規約も何もない。そこで働く人々は、一般に考える「政党組織の職員や運動員」というより、茂木に雇用されている〝議員秘書たち〟なのである。

「政党支部の政治活動」をしている、と大臣茂木は弁解したが、その国会議員の秘書たちは、毎日、どんな活動をしているというのか。

政党活動と言うと、これまた、ひとかどの活動かと思ってしまうが、具体的には衆議院議員の顔と名を売るために、たとえば線香やワインを配るなどを、朝から晩までせっせと行っているのだ。

選挙区の支援者の自宅や関係先を回っては、「茂木敏充衆議院議員　公設第一秘書」「茂木敏充衆議院議員　公設第二秘書」などという肩書のついた名刺を配って歩き、議員の名前をしっかり印象づける。国会議員秘書の名刺と言えば、秘書当人よりも、その雇用主である国会議員名が目立つように印刷されているのが、普通である。

大臣茂木は、国会で「茂木の名前は書いてない」と弁解したが、見ず知らずの人から黙って線香や手帳を受け取る人がどこにいるだろう。「あの茂木センセイ」とわかりきっているからこそ、線香にわざわざ名前を書くような野暮なことはしないのである。大臣茂木の遣いの者だとわかっているから、黙って受け取ったのである。

総務相野田聖子（当時）は、国会で、氏名の表示のない寄付を秘書が持参しても、「氏名が類推される方法とは言えない」などと経産相茂木敏充をかばったが、彼の選挙区に行って「類推できない人」がどのくらいいるのかを調査したらいい。

経済産業大臣甘利明（当時）の秘書は、道路建設をめぐって口利きを依頼されて、総額一二〇〇万円にのぼるカネを受け取った、と報じられた。ニタニタしながら現金を受け取っている甘利明の秘書の写真は、誰の目にも焼きついた（『週刊文春』二〇一六年一月二八日）。

甘利明自身も、大臣室で口利き依頼者と直接に面会し、桐の箱に入った虎屋の羊羹と一緒に現金五〇万円、さらに選挙区の事務所で五〇万円入りの封筒を受け取った、と報じられた。そして、大臣辞任に追い込まれた。

記者会見で、甘利明はこう弁解した。

「良い人とだけ付き合ってたら選挙落ちちゃう、小選挙区制だから。来るものは拒まずってしないと当選しない」

甘利明は、小選挙区制だから、グレーゾーンの行為とわかっていても拒めません、と白状したのだ。小選挙区制で勝ち抜くには、虎屋の羊羹に札束五〇万円が入っていても、拒めないらしい。小選挙区制の弊害をこれほど雄弁に語った人を私は知らない。その点で彼は正直者である。

甘利明は、安倍政権の重要閣僚の有名人だ。しかも親の三バン（「地盤」「看板」「鞄（選挙資金）」）を引き継いだ世襲議員でもあり、当選は実に一一回。その人にして、この体たらく。小選挙区制が政治を堕落させる好例である。

「この、ハゲーッ！　違うだろーッ」と秘書を怒鳴り散らして傷害と暴行容疑で書類送検された衆議院議員の豊田真由子を思い出す人も多いだろう。

こちらは、政策秘書に「支援者のバースデーカードの宛名」を書かせて、配らせていた。衆議院議員豊田真由子は、あなたの誕生日を気にかけておりますよ、次の選挙もよろしくね、というわけだ。その宛名シールと、封筒の中のバースデーカードの相手が違っていたのが、豊田真由子の逆鱗にふれたらしい。

被害者である政策秘書が隠し撮りしていたという録音を私もネットで聞いた。すさまじい暴言で、ときどき殴っているらしい音も入っていた。

ネットをにぎわしたコメントの中で、元官房長官河村建夫の豊田真由子をかばった言い分がおもしろい。

「選挙を戦う者とすれば、あのようなことは起こる。たまたま彼女が女性だからこうしたことになっているが、あんな男の代議士はいっぱいいいる。あんなもんじゃすまない」

ここで注目すべきは性差ではない。「選挙を戦う者」という言葉だ。キツイ選挙戦をくぐりぬける者に、暴言暴行は避けられない、と言ったのだ。

「小選挙区制は、犯罪まがいの事件を誘発する要素の多い、醜悪な選挙制度だ」と河村建夫自身が言外で告白しているのである。

大臣を辞任した衆議院議員菅原一秀に話を戻す。

彼は、「選挙区の通夜会場で、秘書に現金を渡させた」だけでなく、選挙区の大勢の支持者に高価なカニ、たらこ、メロン、すじこなどを季節ごとにせっせと宅配していたことが、一〇年も前に、朝日新聞にスクープされている。それに、選挙区である練馬区の町会長に、「御招待」と記したパーティ券を無料で配布し、パーティ参加者への手土産に名前入りの時計を配っていた(『赤旗』二〇一九年一一月六日)。

選挙違反と知っていても、なおかつカネで人の票を買おうとする行為。それを性懲りもなく繰り返す神経。

なぜ、こんなことを続けるのか。それはとどのつまり、選挙制度が小選挙区制だからだ、と私は思う。

日本の小選挙区制選挙では、有権者は候補者の名前を投票用紙に書く。五〇〇一人に名前を書いてもらった候補者は当選し、五〇〇〇人に書いてもらった人は落選する。だから、候補者は何としても自分自身の顔や名前を有権者に売り込まなければならない。

これがもし比例代表制だったら、候補者個人が有権者に対して名前や顔を売る必要はない。一票は候補者ではなくて政党に送られるのだから、候補者個人が顔と名前を売る必要はない。日本の衆院選では、一部分で比例代表制も使われるが、この比例代表制は本物の比例代表制とは到底言えない。小選挙区制の敗者の一部を救済するためのガス抜き装置と言える。

二　小選挙区制誕生秘話

世界の選挙制度は、「多数代表制」と「比例代表制」の二つに大きく分かれる。多数代表制は、小選挙区制、中選挙区制、大選挙区制の総称で、その典型は、日本の衆院選でおなじみの小選挙区制だ。

日本が小選挙区制をつくるとき、お手本にしたのは小選挙区制発祥の地イギリスらしい。イギリスでは、小選挙区制を「first past the post」と呼ぶ。直訳すると「フィニッシュ点を最初にすぎたもの」。競馬の優勝馬のことを指す。そう言えば日本でも立候補を「出馬」と言ったり、「あの候補は毛並みがいい」と評したり、「血統」重視だったり、赤いスーツを「勝負服」と呼ぶ女性政治家がいたり……いくつか思い当たるが、これらは競馬用語だ。

議会制の母国イギリスをお手本にした選挙制度、と言えばカッコいいが、本当のところ、競馬発祥の地イギリスをお手本にした選挙制度にすぎないのである。

小選挙区制では、競馬同様に、鼻の差で逃げ切れさえすればいい。それに対して比例代表制は、選挙区ごとに、各政党が獲得した票にほぼ比例してその党から何人当選するかが決まる。

比例代表制は、票数の多い少ないを正確に議席に反映させる。つまり多数派と少数派の双方がその大きさに比例して代表を出せる。このしくみは、世界共通だ。

日本の小選挙区比例代表並立制は、かれこれ四半世紀前の一九九四年、細川護熙内閣のときに、それまでの中選挙区制に代わって誕生した。

背景には、リクルート事件に代表される「政治とカネ」スキャンダルがあった。

リクルート事件は「リクルートコスモス」の未公開株が政治家や官僚にばらまかれた贈収賄事件だ。一九八八年、大物政治家への譲渡が表面化し、元首相竹下登は退陣。元官房長官藤波孝生ら政治家二人を含む一二人は有罪となった。

一九九〇年代になっても、佐川急便事件、ゼネコン汚職事件と続いた。政治腐敗がさかんにメディアで報じられ、「政治改革待ったなし」の空気がつくられていった。

「政治とカネ」の癒着を断つなら、政治資金規正法や公職選挙法などを厳罰化すればよかったのにと思うのだが、そうはならなかった。自民党は、「政治改革待ったなし」の空気を利用して、小選挙区制導入に舵を切った。

自民党は、一九八九年五月、党の「政治改革大綱」で「われわれは、国民本位、政策本位の政党政治を実現するため、小選挙区制の導入を基本とした選挙制度の抜本改革に取り組む」と決定していた。

もっと昔の一九五六年には鳩山一郎内閣、一九七三年には田中角栄内閣が、小選挙区制導入をもくろんで国民の猛反対でつぶれた、そんな歴史もある。そう、小選挙区制選挙は自民党の悲願だったのだ。

さて、「政治改革待ったなし」という空気が醸成されるさなかの一九九三年七月、総選挙となった。

自民党は最大多数をとったもののさすがに単独過半数はとれなかった。そして細川護熙連立政権の誕生となる。それは、社会、新生、公明、日本新、民社、さきがけ、社民連、民主改革連合の七党・一会派による非自民政権だった。

ちなみに、七政党・一会派のうち、当時の原型をとどめている政党は今や公明党だけだ。小選挙区比例代表並立制が、いかに小政党つぶしのシステムだったかが、このひとつからだけでもよくわかる。

中でも社会党（一九九六年から社民党）の凋落ぶりは目を覆うばかりだ。その頃の社会党は、当初、比例代表制中心の小選挙区比例代表「併用制」を提唱していた。

小選挙区比例代表「並立制」と小選挙区比例代表「併用制」とは、語感は大変似ているのだが、中味は全く違う。

並立制は小選挙区中心の選挙であるのに対し、併用制はドイツやニュージーランドが導入している比例代表制中心の選挙だ。

社会党は、民意を反映させやすい比例代表制中心の「併用制」を信奉していたはずなのに、あるときその「併用制」を捨てて、自分の首を絞めることになる小選挙区中心の「並立制」に賛成したのだ。

なぜだろう。

政権の一角にはいることを約束されて丸め込まれたのか、そのときに抱き合わせで提示された「政党交付金」に目がくらんだのか。いろいろな記録を読んでみると、どちらも「イエス」のようなのだ。

一九九三年七月衆院選後、破竹の勢いだった細川護熙率いる日本新党は、「連立参加には小選挙区比例代表『並立制』を受け入れること」という条件をつけた。

選挙で惨敗した社会党は、その条件を受け入れて、連立政権入りを果たした。社会党は、政権に加わることの代償に、比例代表制中心の小選挙区比例代表「併用制」を捨てて、「並立制」を受け入れた。つまり民意が正しく反映される民主社会をめざすという理想を捨てて、〝悪魔の取引〟をしてしまったように、私には見える。

首相細川は、選挙制度改革の責任省「政治改革担当省」を新設して、大臣に山花貞夫を任命した。選挙制度をつかさどる自治省の大臣には佐藤観樹をあてた。二人とも社会党の重鎮中の重鎮

（山花は委員長、佐藤は副委員長）だったから、党内反対派つまり併用制を強く主張する人々を説得する役目として、これ以上の適任者はいない。

当時、参議院議員だった弁護士大脇雅子の回想録「小選挙区比例代表制並立制と青色票」（グループ・象発行『象』二〇一四年七月二〇日）が私の手元にある。

大脇雅子は、女性解放運動の同志であり、私が大阪府豊中市の男女共同参画センター初代館長を右翼勢力による策謀で雇い止めにされたときには、いち早く弁護団に加わってくださった恩人でもある。その大脇雅子回想録には、こう記されている。

一九九四年一月一〇日夜九時、帝国ホテルのフランス料理店。

法案反対を表明していた大脇議員は、政治改革担当相山花貞夫に呼び出された。フランス料理を食べながら、山花貞夫から「どうか、社会党のために、賛成してください」と説得された。面談の最後に、山花貞夫が「苦しげに漏らされた本音」を、大脇は次のように記述している。

「大脇さん、あなたの思いや危惧は理解する。しかしもう一つ、政党助成金がもらえないともはやこれから社会党は立ち行かないまでに追いつめられている。恥をしのんで、苦境をあえて、あなたに告げてお願いする。どうか法案に賛成してもらいたい」（前掲「小選挙区比例代表制並立制と青色票」一三頁）

細川連立政権が、小選挙区比例代表並立案を含む「政治改革関連四法案」を国会に提出したのは一九九三年秋のことだった。

国会に提出した法案によると、選挙区の数は、小選挙区二七四、比例区二二六だった。当初は小選挙区と比例区二五〇ずつ半々だったのだが、比例枠が二四減らされて、小選挙区が二四増えていた。

一九九三年一一月、衆院本会議。野党だった自民党の案は否決されて、政府修正案が連立与党の賛成多数で可決した。

しかし、年が明けた一九九四年一月二一日の参院本会議では、この政府修正案は一一八対一三〇で否決されてしまった。野党の自民党が反対したのに加えて、共産党と与党社会党の一部議員も反対したからだ。一〇日ほど前に帝国ホテルのフランス料理店で政治改革担当相の山花から「どうか賛成してもらいたい」と要請された参議院議員大脇雅子も、反対の「青票」を投じた。

四日後の一月二五日、両院協議会が開かれた。これは衆参で議決が異なった場合に開くことができる会議だ。その両院協議会は、連立与党案と野党自民党案との距離が縮まりそうもなくて、打ち切りとなってしまった。

だがその三日後、「予測すらできないことが起きた」（大脇雅子回想録）。それが、衆議院議長土井たか子のあっせんによる、首相細川護熙と自民党総裁河野洋平の「トップ会談」で、一九九四年一月二八日夜のことだった。

岩井奉信（日本大学法学部教授）は、このあたりを『政治改革１８００日の真実』に収められた「第一部ドキュメント政治改革」で詳述している（佐々木毅編『政治改革１８００日の真実』講談社、一九九九年）。

議長土井の調停案は、「今国会で政府案を成立させる」「施行日は、別に法律で定める」「両院議長のもとに協議機関で協議をして合意が得られたら修正および施行のための法律を制定する」というものだったという。

これは、時間切れでの廃案を狙ったようにも読めるのだが、同書によると、トップ会談があった一月二八日の前日二七日に、自民党総裁河野側近の鈴木恒夫と首相細川の秘書官である成田憲彦が極秘に話し合って、トップ会談の内容があらかじめ「提示され、決着がついていた」という。つまり、トップ会談の前に水面下で合意済みだった、というのだ。

そして、翌日未明まで続いたトップ会談は、次のようにまとめられている。

「この合意に基づいて、ただちに合意書が作成され、二九日未明、細川首相と河野総裁が合意書に署名し、ここに政治改革関連四法案の成立による政治改革が実現することになったのである」

その合意書とはどんな内容だったか。

最も議論が分かれていたのは、並立制のもとでの小選挙区と比例代表の定数を何人ずつにするか、だった。そこが「小選挙区三〇〇、比例代表二〇〇」にされていた。つまり自民党案そっくりそのままに変えられてしまったのだ。比例代表の選挙区は「一一ブロック」に変わり、戸別訪問の解禁案も、あえなく禁止に戻された。そして、政治団体を介しての政治家個人への「企業献金」まで復活した。

小選挙区制中心の選挙法可決後、土井たか子議長にあいさつする
細川首相と武村官房長官（1994年01月29日）（朝日新聞社提供）

結論は、「ほぼ全面的に自民党案に譲る形」だった（前掲『政治改革１８００日の真実』）。

こんな合意書を水面下でつくったのはいったい誰なのか？

『政治改革１８００日の真実』の巻末年表に、「一九九四年　一月一五日　小沢新生党代表幹事、森自民党幹事長、秘密裏に交渉（二八日まで）」という記述を見つけた。どうして、こんな重要な事柄を著書の本文に記さず、巻末の年表に小さな字で載せたのか。私には全く不可解だが、とにかく小沢一郎と森喜朗が、この四日間、密談をしていたのだ。

法の骨格を決めたのは、この二人で間違いない、と読める。

さらに注目すべきは、その小沢一郎と森喜朗が、一月二八日夜の「トップ会談」にも同席していたことだ。まるでお目付け役でもあるかのように。

そして、翌一月二九日、四日前に打ち切られたはずの「両院協議会」が再開されて、この合意案が成案と決まった。続いて同日、「この合意が成案として両院本会議に上程され、政治改革関連四法案を施行日削除の上、可決した」（前掲『政治改革１８００日の真実』四四七頁）。

つまり選挙制度が自民党案に傾いた結果、野党自民党は衆参両院で賛成に回った。よって、衆院では与野党多数で可決。ほんの八日前に反対多数で否決したはずの参院においても、与野党多数で可決した。

当時、法案に反対した参議院議員の大脇雅子は、そのときの様子をこう記している。

「社会党の造反議員と共産党の『修正案反対』で、政治改革法案は成立してしまった。まるで夢の中の夢を見て、目覚めたときの居場所を失った感に似ていた」（前掲「小選挙区比例代表制並立制と青色票」）

大脇雅子は、社会党の造反議員と共産党議員の反対もむなしく、賛成多数で政治改革法案は可決した、と言いたかったのだろう。

一月二一日の参議院では賛成一一八、反対一三〇で否決されたが、同じ参議院で八日後、その賛否がどう動いて可決に至ったのか知りたかった。しかし、いくら文献を調べても見当たらない。

どうも、「起立多数による可決」（自由法曹団『検証・小選挙区制』新日本出版社、一九九四年）だったようで、誰が賛成に回り誰が反対を唱えたのかは記録に残っていないようなのだ。

「選挙制度は、政治の全体ではもちろんないが、民主政治の重要な根幹をなす要素であって、『選挙法こそが憲法だ』とさえいわれるほどのものである」と書いたのは故石川真澄だ（石川真澄『この国の政治』労働旬報社、一九九七年）。

民主主義の基本のキ、それが選挙だと言うのに、その選挙法案の採決方法が起立多数だったとは……。憲法に等しいほどの最重要法律が、軽い儀式で決められてしまったなんて、全くもって信じられない。

衆議院議長土井たか子は、自民党案で成立させようとする水面下の動きを知っていたのか、それとも単にトップ会談のおぜん立てをしただけのことだったのか、彼女がもうこの世におられない今となっては、心の中を確かめようもない。

朝日新聞政治部記者だった羽原清雅が、当時の新聞各紙を紹介した文章の中に、衆議院議長あっせんのおぜん立てをした人たちに「小沢一郎」が接近していたという言及がある。

それによると、議長土井の調停案は「本人、奥田敬和衆院議院運営委員長、緒方信一郎衆院事務総長の三人の連係プレーによって生まれた」ことが一九九四年一月二九日読売新聞の記者座談会で明らかにされていて、その二人（奥田と緒方）に「小沢一郎新生党代表幹事が接近していたこと」が、同日の毎日新聞に記されている（羽原清雅「小選挙区制導入をめぐる政治状況――その決定に「理」は尽くされたか」〔『帝京社会学』（第二〇号）二〇〇七年三月〕https://appsv.main.teikyo-u.ac.jp/tosho/khabara20.pdf）。

また、毎日新聞は、その当時の社会党の空気について、「党の基本方針とは異なるが、党出身の土井議長のあっせんでは受け入れざるをえない」と、発言者を明かさずに紹介している（前掲『政治改革1800日の真実』三五三頁）。

日本初の女性の政党党首として社会党の建て直しに貢献し、憲政史上初の女性の衆議院議長の座にあった土井たか子の力は、社会党の多様な意見を封じるにはもってこいだった、ということなのだろうか。

なんだか釈然としない小選挙区制誕生ドラマだが、いろいろな記録を読んでみると、本当の首謀者は小沢一郎だったようだ。

『政治改革1800日の真実』は小沢一郎を「改革派の中核的人物」と紹介している。この本だけではない。日本のメディアや学界、政界はこぞって、古臭い小選挙区制の旗振り役のことを「改革派」と持ち上げた。そして、批判する人たちには「守旧派」というレッテルを張った。

しかし、ちょうど同じ頃、ニュージーランドや南アフリカは、民意の反映しない小選挙区制から民意の反映する比例代表制中心の選挙制度に変更した。きっと、両国は、小選挙区制こそ葬るべき古臭い制度だったからこそ、改革したのだろう。日本の空気と真逆である。

小沢一郎は、自身の著『日本改造計画』（講談社、一九九三年）で、次のように小選挙区制礼賛論をぶっている。

「衆議院の中選挙区制はぬるま湯構造の維持装置」であり、「中選挙区制を廃止しなければならない」。

目的は、「政治にダイナミズムを取り戻す」ことであり、それを「阻害しているのは、あまりに強すぎる比例代表的な原理である」。

「少数者にも発言を保障し、少数者の同意を待って政策決定を行うことを大義としている」比例代表制的原理では、「決定に時間がかかりすぎ」て、ダメだ。

「思い切ってできるだけ大規模に政治を改革するということならば、単純小選挙区制を導入するのが最もよい」

ついでに、巨額の公費を政党に出せとも提案する。

「政治活動費は公費で助成する以外にない。月額一〇〇〇万円であれ、二〇〇〇万円であれ、政治家の政治活動費は十分に助成する」

この政党交付金の無茶苦茶な現況は、第Ⅰ部第三章で詳述する。

この小選挙区制礼賛者だった小沢一郎を中心に、ごくごく少数の政治家たちだけの非公開・非公式会議で、民主主義の根幹である選挙制度が決められたように、私には見える。大脇雅子の「予測すらできないことが起きた」は、与党社会党に属する国会議員ですら一九九四年一月二八日の「トップ会談」について蚊帳の外だったことを意味している。これは民主主義からほど遠い、悪しき密室談合政治である。

つい先頃までイギリスの国会は、EU脱退をめぐって、国会で口角泡を飛ばす議論が続けられていた。二〇一六年には国民投票もあった。デモや市民集会も数えきれないほどあった。報道やネットでは、「すぐわかるBrexit」「なるほどBrexit」というような、忙しい市民にもわかりやすい、プラス・マイナスの解説や動画がごまんと出ている。私は、「フェミニストとBrexit」「子どものためのBrexit」というサイトを何度か覗いた。

国民生活に重大な影響を及ぼす法案なのだから、当事者である国民を巻き込んでの論戦が延々と続くのは、当たり前と言うべきことなのだ。

しかるに、日本の小選挙区制誕生劇の舞台はどうだ。どう見ても照明の全くない真っ暗闇である。

「政治改革」の熱狂の中で成立したと言われたが、一般の国民が本当に熱狂していたかは怪しい。その証拠に、一九九三年夏の総選挙は、投票率六七％と過去最低だった。

三　民意が無視されて得するのは誰か

一九九四年に成立した並立制のその後を見ると、衆議院議員の数が、小選挙区と比例区でどんどん差が大きくなりつつある。

二〇一二年を見ると、小選挙区三〇〇、比例区一八〇だった。小選挙区の定数三〇〇は成立時から一議席も減っていないのに、比例区は二〇議席も減らされた。そもそも最初から小選挙区が圧倒的に優位だったのに、だ。

それに小政党に配慮して成立したはずの比例区の計算式は、小政党にそれほど有利に働いてはいない。

政党の獲得票数を議席配分に計算するとき使う計算式が、日本は「ドント方式」だ。ドント方式とは、政党の獲得数を除数一、二、三……で割って、商の大きい政党から当選していく方式だ。これは大政党にやや有利になる。

たとえば二〇一二年衆院選の比例東北ブロックは、定数一四をドント方式で割って、自民党は五議席をとった。それをドント方式ではなく、北欧などがとっている「修正サン＝ラグ方式」にしたとすると、自民党は四議席に減る。その代わりドント方式で一議席もとれなかった社民党が一議席とれる。これは大変な違いだ。

計算式の詳細についてはここでは省くが、除数を何にするかで、大政党に有利になるかどうかが決まる。この点についても、法の制定前にもっと国民は詳細を知るべきだった。国民がわかるように政治家やメディア、関係者はもっと広報・報道すべきだった。

それに困ったことに、小選挙区と比例区では選挙区が異なるのだ。

日本の衆院選の場合、有権者は、投票用紙を二枚もらって、小選挙区のほうには候補者の名前を書き、比例区のほうには政党名を書くのだが、一枚目と二枚目で選挙区が違うのである。

小選挙区の定数は三〇〇で、その選挙区は三〇〇。これはつまり自分の住んでいる市町村だ。

ノルウェー2017年国政選挙の投票用紙。
候補者名横の□欄に印をつけると順位を変更できる

それに対して、比例区の選挙区は一一だ。たとえば私が立候補した選挙区は「秋田三区」。その選挙区が秋田県内のどこの市町村を含むかや、自分の住む選挙区から誰が出ているかについて、関心のない人がほとんどのようだった。ましてや、比例区にあたる「東北ブロック」などという広域の選挙区に関心を寄せる人がどこにいるだろうか。投票する人が比例区にピンとこないのは当たり前なのである。

比例代表制の欠点として、「顔の見えない選挙」がよく言われる。

投票するのは候補者ではなく政党だから当然のことなのだが、日本では、小選挙区制中心だから、選挙運動と言えば、候補者の「名前」と「顔」の売り込みばかり。それが選挙なのだと国民も思い込んでいる。

第一章で書いたが、純粋な比例代表制の国ノルウェーでは、選挙と言えば、政党同士の政策論争中心だ。投票所で、投票用紙を一枚選んで、それを投票箱に入れるのだが（書くのではない）、その投票用紙は政党の候補者リストそのものだ。そこには政党名の下に候補者名、誕生日、居住地があらかじめ印刷されていて、誰がどの政党から出ているか一目瞭然である（六二頁写真）。

ほぼどの政党も、候補者リストをつくる段階で、住んでいるところに偏りがないか、同年代が多くないか、同じ性に偏ってないかを徹底して議論する。

政治ジャーナリストの第一人者、ノルウェー放送協会（NRK）（日本のNHKにあたる）のリーラ・スルフスビークは、私にこう力説した。

「たとえば、オスロ議会。労働党は、これまで五九議席に一五人を当選させてきました。政党は、半年前に誰を候補にするかを決めて候補者リストを選挙管理委員会に出すのですが、たとえオスロの南地区に候補者にふさわしい人が多くいたとしても、南地区から候補者を多く出すことはしません。オスロ議会議員はオスロ全体の代表者となるのであり、全オスロの人たちを代表するような候補者リストをつくる必要がある、という考え方がまず基本に存在します。南地区の人を多くしたら、労働党は、北地区の人からそっぽを向かれることでしょう」

すなわち、ノルウェーの比例代表制選挙では、候補者の名前だけでなく、年齢や住所なども見えるのだ。加えて、投票する人は、「この人を」と思う候補者に個人票を入れることが可能なようにも仕組まれている。一工夫も二工夫もしているのである。

日本の選挙が無茶苦茶なのは、たとえば衆院選比例区候補は、ほぼ全員が小選挙区の候補者なことで、これを「重複候補」などと呼んでいる。ほとんどの政党は、比例区の候補者を小選挙区に重複して立候補させ、その上、全員一位にして、同一順位に並べる。

では、大勢の比例区第一位候補者から、本物の一位になるのは誰かというと、それを決めるのは、小選挙区の選挙なのだ。正確には小選挙区における候補者の「惜敗率」（候補者の得票数を同一選挙区で最多得票選者の得票数で割ったもの）が高い人が比例区の当選者となるのだ。

つまり比例区で当選するには、小選挙区で一票でも多くとらないとダメなのだから、日本の比例区選挙は小選挙区の付属品といっていい。

小選挙区制では、一人しか当選できない。だから、各政党の公認候補者はもちろん選挙区からたった一人だ。その一人枠にマイノリティや女性（世襲は例外）が入ることなど、よほどのことがない限り難しい。

日本の国会には先住民族アイヌの代表が一人もいないが、二〇一二年衆院選でも、主要政党は一人の候補者も出そうとしなかった。立候補したのは、できたばかりの新党「アイヌ民族党」公認の島崎直美ただ一人だった（北海道九区）。長年、北海道ウタリ協会の責任者として、アイヌ民族のとりわけアイヌ女性の権利拡充のために活動してきた人だった。

しかし残念ながら彼女の当選はならなかった。借金をして支払った供託金も戻ってこなかったため大変な苦労をしておられると風の噂で聞いた。

各国の国会（一院）に女性議員がどのくらいいるかを比較した国際ランキングで、日本は、女性議員が全体の一〇％でしかなく、一九三か国中一六六番目だ（ＩＰＵ、二〇二〇年六月）。世界経済フォーラムが出した「二〇一九年ジェンダー・ギャップ」では、男女格差一五三か国中一二一番目だ（図表2）。政界だけを見ると世界一四四番目とランキングはさらに下がる（二〇一九年一二月一六日）。

絶望的に低い最大の理由は、立候補しにくい小選挙区中心の選挙制度にある。小選挙区制は、マイノリティ・女性排除システムにほかならない。

図表2　2019年ジェンダー・ギャップ上位10か国と選挙制度

	国名	選挙制度
1	アイスランド	比例代表制
2	ノルウェー	比例代表制
3	フィンランド	比例代表制
4	スウェーデン	比例代表制
5	ニカラグア	比例代表制
6	ニュージーランド	併用制（比例代表中心）
7	アイルランド	比例代表制
8	スペイン	比例代表制
9	ルワンダ	比例代表制
10	ドイツ	併用制（比例代表中心）
121	日本	並立制（小選挙区中心）

（注）上位10か国はすべて比例代表制中心の選挙。

小選挙区制選挙の弱点の中でも最大の弱点は、「死に票」の多さにある。つまり民意が反映されない制度なのである。

二〇一二年衆院選を例に「死に票」を見る。日本列島を細かく三〇〇に分けた選挙区から、一票でも多く票をとった候補者一人だけが勝者となる。その勝者以外の候補に投じた人の票は、すべて「死に票」だ。

二〇一二年衆院選の「死に票」は、小選挙区で投票した全票数の半数を超える五三%、約三一六三万票だった、と報道されている。

三一六三万人の投票用紙が、ごっそりドブに捨てられたようなものだ。

「死に票」が全得票数の七〇%以上になった選挙区が二つもあった。六〇%以上となると七六。五〇%以上に至ってはなんと一八八選挙区。

その一方、第一党自民党は、小選挙区での得票率が四三%なのに、三〇〇選挙区の中の二三七選挙区で当選者を出した。五割以下の票で八割の議席をとったのだ。

二〇一四年の衆院選では、自民党は有権者の五人に一人からしか支持されていないのに、衆院の六割以上を占めた。二〇一六年五月二日の朝日新聞に載った小選挙区制の特集記事を読んでほしい。

「一四年衆院選での自民党の絶対得票率（棄権者も含む全有権者に占める割合）を見ると、小選挙区は二四・四九%、比例区は一六・九九%だ。明確な支持は五人に一人ほどしかいない。

それでも自民党はいま衆院の六割を占める。一票の格差問題で最高裁から『違憲状態』と指摘され続ける国会で改憲が語られる不条理とともに、憲法を論じる舞台が民意を反映しきれていない現状に驚く」

ついでに直近の二〇一七年総選挙も見よう。

死に票は、約二六六一万票だった。第一党の自民党は、小選挙区での得票率が五割に満たなかったのに、二八九選挙区（三〇〇から二八九に減った）のなんと二一八選挙区で当選した。これは七割以上にあたる。

五割以下の人の支持で、七～八割の当選者を生み出すのが小選挙区制選挙だ。小選挙区制は「虚構の多数派」をつくることができるのである。

ことほどさように、小選挙区制選挙は、民意とは異なった政党の勢力図を国会につくってしまう。

かつて、朝日新聞の政治記者だった故石川真澄は、著書でこう憤っている。

「小選挙区制は有権者の真の意思を歪めて、第一党であっても絶対多数（過半数）ではない党を絶対多数に押し上げ、その裏返しに第三党以下の議席を真の支持よりはるかに少ない数に押しつぶす」（石川真澄『堕ちてゆく政治』岩波書店、一九九九年）

第三章
政党消えても政党交付金は消えず

三井マリ子と書けば選挙違反、「本人」なら合法の変な日本の選挙（2012年衆院選数週間前、秋田）

一　男女平等社会をめざして

第一章では、日本の選挙のおかしさを、映画『選挙』を見たノルウェー人の感想を通して表現した。第二章では、報道や文献から知ったスキャンダルを通して、日本の選挙の醜態を考えた。本章では、二〇一二年の衆院選に立候補した私自身の体験を通して、小選挙区制度の血液とも言える政党交付金がいかに野放図な使われ方をしているかを記す。小選挙区制は民主主義を劣化させる制度だと私は体験に基づいて確信しているのだが、そんな小選挙区制誕生のどさくさに紛れて誕生した「政党交付金制度」こそが、腐臭の温床であることを理解していただきたいのである。

実は、私は四度、選挙に出たことがある。

もうずいぶん前になるが、一九八六年五月一九日の朝日新聞朝刊に、「ノルウェーの新閣僚、一九人中女性が八人」「女性比率四〇%党の方針」という大見出しの記事が出た。女性の首相と七人の女性閣僚の顔写真に、私の目は釘づけになった。

新内閣は、閣僚の女性数で世界新記録を達成し、しかも国会議席の三四%を女性議員が占めていることが、書かれていた。

女性たちの顔ぶれが、これまた異色だった。首相は四人の母親で小児科医。七歳で労働党の子ども隊に入隊し、三八歳で国会議員に。望まない妊娠に苦しむ少女たちを診た経験から、一九七〇年代には中絶合法化運動をけん引した。

日本の文科相にあたる女性は、中学校教員をしながら市議会議員もこなし、そして国会議員となった二人の母親。厚生相は、国家公務員と市議会議員を兼務し、のちに内閣の政策顧問をした、これまた二人の母親。環境相は、三〇代半ばの女性解放運動家……。

仕事や家事・育児をこなした上、市民運動をしながら議員も務めることができるなんて、夢みたいだ。こんな国が地球上にあるのだ！ 私はいっぺんにノルウェーが好きになった。

日本ではその一か月前、男女雇用機会均等法が施行されたばかりだった。同法が成立する前、私は弁護士中島通子らの薫陶を受けて「保護も平等も」と運動を続けてきたのだが、できたのは「男女別の募集」まで許容されてしまうという、ひどい悪法だった。国会にロビー活動を続けていた私は、女性議員の極端な少なさを目の当たりにして、これでは女性たちの声が国会に届くはずはないと悟った。友人たちはバーンアウトして運動から離れていった。私も過労がたたって髄膜炎でICUにかつぎ込まれて長期入院。都立高校の教員を半年間も休職してしまった。

だから、このノルウェー新閣僚の顔ぶれには、身震いするような感動を覚えた。記事を切り抜いて本棚の目立つところにはりつけて、毎日、拝顔した。

翌一九八七年二月の大学受験シーズンの頃、東京都立駒場高校の英語科教員室で生徒たちの相談に乗っていた私に、一本の電話がかかってきた。教職員組合運動で知り合った社会党の参議院議員粕谷照美からだった。

「東京都議会議員の補欠選挙があるから出てほしい。あなたは、性差別がなくならないのは女性議員が少ないからだと言っていたでしょう」

何日間か考えて、私は立候補を決意した。背中を押してくれたのは、本棚の側面に張っていた、あのノルウェーの新閣僚たちだった。教員を退職する日、教室の黒板いっぱいに描かれた「センセェ〜、さようなら、選挙がんばって！」の生徒たちのメッセージは、涙でぼやけて読めなかった。

都議会議員補欠選挙に当選した。

東京都議だった頃の私は、雇用や教育の男女平等、性暴力の撤廃、福祉サービスの充実などの政策をいかに多くの人にわかりやすく伝え、支持をとりつけるかに腐心した。具体的には、自らのニュースレター執筆・発行・配布、討論会・講演会の企画主催、新聞雑誌に寄稿して考えを広める、などといったものだ。

反対者の多いテーマだし、嫌がらせはしょっちゅうだったが、自分の考えを表明する中で、新たな賛同者も現れた。女性であるがゆえの差別や排除に苦しむ事件や相談が数えきれないほど舞い込んだ。後援会に入会する人が出てきて、後援会会費や党費（当時社会党に属していた）もしだいに増えてきた。

第一章の映画『選挙』に出てきたような選挙区の年間行事にも顔を出したが、こちらは共に活動するというより、「私の顔と名前を忘れないでくださいね」とお願いするためのものだった。

私は人前でのスピーチをいとわない性格だったから、選挙中、よくあちこちで演説した。すると、「女性は、黙ってニコニコ微笑んでいるほうがいい」と周囲から注意された。当選したら、「三井マリ子」は字画が誰よりも少なくて書きやすかったからでは、とも言われた。今から思えば、日本の選挙制度ならではの、的を射たコメントだった。

都議会議員二期目の任期を終える頃の一九九三年、私は無所属で東京都杉並区から衆院選に出た。雇用の男女平等や、保育所や高齢者ケアの充実を実現させるには、法制度を変えなくてはならず、それには男性に偏っている国会にこそ女性を増やすべきだと、私は固く信じていた。

立候補のきっかけは、日本新党の党首細川護熙からの熱心な要請だった。ただ、選挙が近づいて、同じ選挙区から名乗りを上げた押しの強い男性候補が公認に決まったと告げられた。「東京一区はどうか」「二区では……」という話もいただいた。だが、私は落下傘候補になるのは気が進まず、結局は東京四区から無所属で立候補して、落選した。日本新党の大勝だった。日本新党から出ていれば当選したのに、と皆に言われた。

その頃の衆院選は、まだ中選挙区制で、政党交付金は影も形もなかった。細かいことは覚えていないが、都議選と同様、衆院選も有権者に名前と顔を覚えてもらう選挙運動だった。

衆院選の選挙資金関係は、大学の同級生が会計担当者になってまとめてくれた。選挙管理委員会（選管）に提出する前に領収書と収支報告書を見せてもらった。選挙で使われた銀行口座はひとつで、シンプルなものだった。

無所属だったので政党の支援は何もなく、私の選挙は支援者のカンパのみで賄われた。切り詰めたつもりだが、終わってみると支出は約四五〇〇万円で、一二〇〇万円の赤字が残った。これを友人・家族の寄付や支援コンサートの収益で、やっとゼロにすることができた。

「選挙には向いてない」と観念した私は、その一九九三年の総選挙以来、二〇年間、選挙から離れていた。ただ、一九九二年に私自身が、中嶋里美（元所沢市議）ら女性運動仲間と創設し、初代代表を務めた「全国フェミニスト議員連盟」という市民団体で、女性議員を増やす運動は続けてきた（現在も世話人）。

女性候補者を増やすためのクオータ制を採用してくれるよう政党へのロビイングをはじめ、全国に出向いては、議員になって性差別を減らそうと講演をしたり、立候補する意思のありそうな女性を探しては選挙に出たらと勧めたり、女性議員が誰もいない「女性ゼロ議会」の自治体を訪ねて啓発に腰を上げてほしいと要請をしたり……。故郷の秋田も何回か訪れた。

仕事は、法政大学等の非常勤講師を経て、大阪府豊中市の男女共同参画推進センター初代館長などに就任するとともに、北欧ノルウェーの男女平等や女性議員輩出プロセスを取材し、著書で紹介してきた。

ノルウェーは、国会も地方議会も比例代表制の選挙だった。女性議員が日本とは比較にならないほど多いことは知っていたが、高校生や移民出身の議員候補もいた。選挙運動に個人がカネを出すことはありえなかった。選挙資金を心配する人など誰一人いなかった。

選挙期間がないので、年がら年中が選挙とも言えるが、実際の舌戦は二か月間ほどで、その間、子どもも興味を持てるような楽しくわかりやすい選挙運動が、全国で繰り広げられていた。

以上の通り、私は東京都議会議員選挙を二回、衆議院議員選挙を二回経験したのだが、どれも、日本の「多数代表制」(小選挙区制、中選挙区制、大選挙区制をまとめてこう呼ぶ)による選挙だった。対する比例代表制は、北欧だけでなく、欧州を中心に多くの国々が採用していた。比例代表制こそが女性議員を増やすエンジンであることは、ノルウェーの政治家や学者から直接聞いていたし、国際機関の情報を通して、私もわかってきた。

でも、日本の選挙を比例代表制に変えなくては、という今のような思いつめた考えには至らなかった。未熟だったというほかない。

二　秋田三区で二〇年ぶりの衆院選体験

民主党の参議院議員松浦大悟(当時)から初めて連絡をもらったのは二〇一二年の夏だった。その後、秋田県知事や横手市長を歴任した参議院議員寺田典城(当時)の妻で、かつ彼の子息・衆議院議員寺田学(当時)の母親からも、「秋田三区から衆院選に立候補してほしい」という熱心な勧誘が何度もあった。しかし私は、辞退し続けた。

七月末、ノルウェーの親友の葬儀に参列するため、オスロへ行くことになっていた。出国前夜、家族と食事をとっていた私の携帯が鳴った。寺田学の母親からだった。話は具体的だった。

「三井さんに党から二〇〇〇万円は出ます。秋田の支援組織が全面的に支えるから何とか前向きに考えてほしい」

一九九三年の衆院選に無所属で出て四五〇〇万円ほどかかった記憶のある私は、二〇〇〇万円という申し出に驚かなかった。ただ、「三井さんに党から二〇〇〇万円出る」は、正確には「三井が代表となる政党支部に、政党交付金が二〇〇〇万円出る」ということだったのだが、当時の私には、そういうことも、それが血税なのだということも十分にわかっていなかった。とにかく、申し出を固辞して私はノルウェーに旅立った。

ノルウェー滞在中、松浦大悟から「もう一度ご検討いただけないか」というメールをもらった。

「衆議院選挙で応援する体制をつくった」

「連合秋田も、応援する」

「寺田Y子さんのグループも全力で応援する」

「民主党支持者も結束して選挙戦を戦う」

「資金は三井さんに負担がかからない体制が組まれている」

「盤石の態勢で支援する」

という甘い勧誘の言葉が並んでいた。

私は、再び明快に断ったほうがいいと考えて、ノルウェーから電話で断りの意志を伝えた。しかしながら帰国後も、何度か「会いたい」と迫られた。二〇一二年八月二七日、今度は寺田学の父親の参議院議員寺田典城が秘書を伴って説得に現れた。その三日後、松浦は長野県の我が家までやってきて、

「全身全霊でお支えする」

「二四時間体制でお守りする」

「盤石の態勢で支援する」

と懇願を重ねた。直後には、既知の民主党現職衆議院議員からも熱心な勧誘電話をもらった。

民主党の支持率は過去最低を更新し、離党者が続出していたから、民主党から立候補する人は現職以外にいるはずもない。私は、眠れないほど悩んだ。秋田の女性が家庭と仕事を両立しやすくなるような、そんな政治活動を生まれ故郷の秋田で地道に実践するのは、意義があるのではないか、と思い始めた。長年、女性たちに立候補を勧めるなど女性議員を増やす運動をしてきた私は、しだいに「落選を恐れて立候補しないのは自己矛盾」と思えてきて、ついに、首を縦にふってしまった。こうして、秋風の吹く頃、秋田移住という大決断をした。

話があまりに急だったため、同行してくれる人はおらず、とりあえず単身で選挙区の秋田三区に移住した。今考えれば恐ろしく無謀なのだが、とにかく走り出すしかなかった。鳥海山の麓を

車で移動していた私に、首相野田佳彦が「一一月一六日解散」を告げたというニュースが届いた。秋田に引っ越してわずか一か月ほどで、総選挙に突入してしまった。

衆院選初日は二〇一二年一二月四日。雪交じりの冷たい雨模様の朝、市役所前の公営掲示板に自分で自分のポスターを張って、その前の路上で第一声をあげた。

その日以降、毎日、朝七時から夕方六時まで車で遊説して、休憩をはさんで夜七時からミニ集会、帰宅後はメディアなどからの取材対応、数時間の睡眠、というのが日課だった。それを一二月一五日まで一二日間続けた。

宣伝カーの助手席に座り、左側の窓をあけて左腕を振りながら右手でマイクを持って「衆議院候補の三井マリ子です」と叫んだ。巨大スピーカーからの叫び声が、ひとっ子一人いない雪の田んぼに拡散していった。

手袋が雪ですぐ真っ白になり、しばらくするとそれがガチガチに凍った。アイスキャンデーのようになった手袋を車内のヒーターで乾かし、予備の手袋に替えて、また腕を振り、声を張り上げた。二、三日したら左腕が上がらなくなった。セーターの左腕上に使い捨てカイロをベタベタはりつけてからコートを着るようにした。毎朝、出かける前は下着にも使い捨てカイロをはるなど装備に時間をかけた。それでも、窓は開けっぱなしだから、車内のヒーターを最高レベルに上げても、さして効果はなかった。

私は、凍死寸前の登山家といった風情で、連呼マシーンを演じ続けた。第一章の、あの山内和彦のように。

そんな私の選挙の資金の出し入れを管理したのが、参議院議員松浦大悟の秘書、丹内モモコ（公設第一秘書）と小玉夕香（私設秘書）だった。この二人は松浦の会計事務を担っていたベテランで、党から送られてくる資金を目的別に分けて、私の名義で銀行口座をつくっていた。

二〇一二年一二月一六日、豪雪の中の選挙が終わった。予想通り、民主党の惨敗だった。秋田三区では自民党公認の御法川信英が当選した。衆院議員を務めた御法川英文の長男だ。二位は同じく世襲議員の村岡敏英。村岡は日本維新の会の公認で、選挙区では落選したが、比例区（東北ブロック）で復活当選した。

東京都の倍以上もある秋田三区を、わずか一二日間の選挙期間で回らなければならなかった。しかも大雪。朝から晩まで這いずり回って、からだはボロボロ。雪道で転んで左足首を捻挫し、満足に歩行もできなくなった。でも、落選は初めから覚悟しての秋田移住。「さあ、これからだ」と気持ちを奮い立たせた。

ところが、足元の様子がヘンだった。落選後すぐ、選挙の反省会を開こうと、私の選挙対策委員会（選対）の代表である選挙総括責任者・参議院議員松浦大悟と選対本部長・秋田県会議員小原正晃の携帯に電話をしたのだが、何度電話しても応答がないのだ。

三　政治資金の闇を知る

選挙が終わって五日目。二〇一二年一二月二一日、アルバイトの事務員も帰宅して、暗くなった頃だった。一人、横手市郊外の自宅兼事務所にいて、支援者からの電話に応対して、電話を終えたところで、人の気配に気がついた。

こわばった表情の松浦ファミリーの五人が私の背後に立っていた。松浦大悟本人、県議の小原正晃、松浦の公設第一秘書の丹内モモコ、公設第二秘書の阿部義人、私設秘書の小玉夕香だった。得も言われぬ恐怖で頭が真っ白になった。この急襲されたときの状況については、五人のうちの誰かが、ＩＣレコーダーで「隠し撮り」していてのちの裁判に証拠として出てきた。それを参考に要約する。

「つるし上げ」は、私への人格攻撃で始まった。

私は人様に媚びへつらうのが苦手だ。しかも私のアタマは、平等が身上の北欧にかぶれていて、国会議員がワンランク上の人物だなんて夢にも思わない。松浦や小原らが期待するような言葉づかいでなかったのは、その通りだろう。

人格攻撃の次は、「選挙違反のかずかずのあげつらい」だった。

日本の選挙運動には、くだらない禁止条項が多い。何が選挙違反に該当するのか、私もほとんどわかっていなかった。たとえば、私は選挙カーでいつも一緒のウグイスさん（車上運動員）を身内のように思っていたので、私のことを知ってもらうにはこれが一番と考えて、ノルウェーの男女平等社会をレポートした自著をウグイスさんたちに贈呈した。

これが「票の買収」になる、と松浦らは言い募った。松浦秘書の丹内モモコは、「買収罪に問われないようにウグイス嬢から本を回収してあげました」とオタメゴカシを言った。小原が合いの手を入れた。

「とにかくみんな連座制だから、結局みんな捕まることはないにせよ、しょっぴかれますからね」

「買収罪」「連座制」「捕まる」「しょっぴかれる」……私は縮み上がった。

メーリングリストを不適切に使用した、選挙を手伝った私の友人がアルバイト代を払った相手から領収書をもらってなかった、後援会に使途不明金一〇万円があったが「票の買収」に使ったのでは……などなど「選挙違反」と称するものが次々にてんこ盛りで述べ立てられた。初めて耳にすることばかりだった。

小原は責め続けた。

「怖いな。知らないでやっても駄目ですからね」

「あー、最悪だ、これは」

松浦もかぶせるように、

「選挙違反だ」

「これから家宅捜査だからね」

「知らないでは済まない」

「連座制だ」

あげくは、こんなやり取りになった。当時は、ただただ恐怖と屈辱で固まってしまった私だが、テープ起こしされた文字を読むと、かけあい漫才のようだ。

松浦　選挙違反だ、本当に、しゃれにならないよ。
小原　しゃれになんねぇつう……。
松浦　票の買収ですもの。

（中略）

小原　やばい。結構そうなると……な。かなりヤバイっすよ。
松浦　で、知らなくて……、知らなかったって通らないから。
三井　ええ、それはすまないと……。
松浦　結果責任だからね。
小原　通らない。

松浦　これで、やっちゃってるんだから。
小原　こればっかりは、全く通らない。
松浦　かなりの選挙違反ですね。今、あげただけでも。ほかにないですか。
小原　お金の面だけは本当に……。
松浦　あとから出てきたじゃ済まされない話だから。
小原　絶対これはきちっとやりましょう。でねばもう……。
松浦　終わりですよ。
小原　そうそう。本当に終わりだ。みんな終わりだ。あーあ。

　終幕は「追放宣告」だった。松浦は「今後は一切かかわらない」「一二月いっぱいで、見切りをつける」「選挙違反が出れば、それはそのときに対応する」と言い残して、五人は出ていった。その夜、我が家の前に広がる大雪原の闇を窓から眺めているうちに、朝を迎えてしまった。
　それにしても、政治資金について私は、ほとんど何も知らされていない。自分のふがいなさを呪いながら、私は残る力を振り絞って、松浦と他の四人にメールを送った。「松浦議員と党本部の意志と考えて、私は支部長を辞職する」「政党交付金の収支報告書を見せてほしい」「後援会と個人の通帳、印鑑、カードを返却してほしい」「女性の政治参画を促進するＷＳ基金の使途を教えてほしい」。二〇一二年一二月二四日のことだった。その返信はなかった。

メールから三日目の二〇一二年一二月二七日昼すぎだった。松浦大悟の秘書ら三人が、私の自宅兼事務所にまたしても前触れなくやってきた。「政党交付金」の使い残しをプールしておく「基金口座」を私に開設させるためと、後援会をつぶすためだった。

政治資金に無知だった私は、秘書ら三人に教えを乞うと、こう言った。

「政党交付金は選挙に使えない。選挙は候補者個人のカネでやるものだ。候補者個人のカネとなる公認料五〇〇万円のうち三〇〇万円は供託金に使ったので、選挙に使えるカネは二〇〇万円しか残っていない。選挙に五〇〇万円ほど使ったが、そのうち三〇〇万円は松浦が立て替えた。供託金三〇〇万円が戻ったら、それを松浦からの借金の返済にあてる」

この日、私は、初めて私の選挙にかかわって私の名前でつくられた銀行預金通帳と対面することになった。秘書らが差し出した銀行通帳は、「個人口座」「政党支部口座」「後援会口座」の三冊だった。

実は、目の前の三冊とは別に、私の知らないもう一つの口座が松浦事務所の手でつくられていたのだが、そんな隠し口座があったとは夢にも思っていなかった。

「個人口座」には、私個人への寄付金（三井の個人財産）として党本部から五〇〇万円が入金されていた。党公認の衆議院議員候補である私が政治活動に自由に使えるカネで、「公認料」と呼ばれていた。

この個人口座から松浦公設第一秘書の丹内モモコは、選挙公示前に三〇〇万円を引き出して、

「供託金に使いました。あとで三井さんに戻ってきます」と言った。だから、一二月二七日、個人口座には二〇〇万円はあるはずだった。ところが、目の前に置かれた個人口座は、からっぽだった。

「政党支部口座」の通帳には一二〇〇万円が入金されていた（のちに一三〇〇万円だったことが判明）。一〇〇万単位で何度も引き下ろされていて残高は二七九万余円だったが、「未払いのものがまだある」と秘書らは言った。だいぶあとにわかるのだが、この日（一二月二七日）「つくらないと三井さんが罰せられます」と脅して無理やりつくらせた「基金口座」に松浦事務所は四四〇万円を振り込んでおり、「未払いのものがまだある」どころかカネをたっぷり余らせていたのである。

秘書たちが私に放った虚言は多いが、中でも「政党交付金は選挙に使えない」は、私の無知につけこんだ全くの大嘘だった。

党本部は、二〇一二年の衆院選前、政党交付金が選挙運動に使えることを、各候補者にあてて「衆議院総選挙にかかわる資金交付と会計処理等について」という文書で知らせていた。私宛にも送られていたのだが、アルバイトの事務員（丹内が連れてきた）が松浦事務所に転送したため私の目に触れることはなかった。私が文書の存在を知ったのは、選挙が終わって二年以上も経ってからだった。

文書には、「政党支部から候補者への資金移動が可能である」という非常に大事なことが書かれていて、しかも、候補者に移動された資金は、「選挙運動費用収支報告書」の収入の部に「民主党秋田県第三総支部からの寄附」と記載するように、との指示まであった。

平たく言うと、政党支部に送金されたカネ（政党交付金）は、政治・選挙活動に使えるだけでなくて、支部長である候補者が、自分の個人口座に寄付という名目で移すことができるのである。候補者個人が受け取ったカネは、法的には個人の資産であり、個人が自由に使える。この、公金を私物化できるシステムは重要なことなので、後述する（九八〜一〇一頁）。

「後援会口座」は、私の政治活動を応援してくれる人たちのための口座だ。後援会の目的は都議時代と同じ「女性の地位向上」「男女平等社会の構築」。落選覚悟で立候補した私の動機そのものだった。その規約を友人たちに送ったら、カンパが寄せられた。一方、民主党は、WS基金の名目で、二〇〇万円をこの口座に振り込んだ。

私が民主党を支持した理由のひとつに、男女平等への姿勢がある。その一例が、女性の政治参画の支援策だ。「WS基金」と呼ばれ、女性候補の申請に基づいて二〇〇万円が候補者の「後援会口座」に入金されることになっていた。

私は申請書に、秋田にとって女性の政治参画がいかに重要かを書いて、党本部に提出した。WS基金を受け取ったら、秋田県内に女性議員を増やすための運動に使おうと考えていた。

ところが秘書らは、女性議員を増やそうという私の重要政策を「選挙に関係ない」と切って捨てた。そして「後援会口座」から全額抜き取って、カーテンなどの調度品に使っていた。政党交付金一二〇〇万円（のち一三〇〇万円だったことが判明）が政党支部口座に送金されていたにもかかわらず、そちらには手をつけずに、三井後援会に寄付されたＷＳ基金の全額を、目的と異なったことに消費したのだった。

それはそれでひどい話だ。だが、もっとひどいのは、「政党支部のカネ」は「基金口座」に移して私を秋田から追い出しさえすれば自分たちで自由に使えるため、「三井個人と後援会のカネ」を優先的に使って政党支部のカネをなるべく多く残そうとした、そのあざとさだ！

二〇一二年一二月二七日、秘書小玉夕香は、「後援会口座」の通帳を私に見せて、「党から来たやつにしか手をつけてない」と言った。「党から来たやつ（ＷＳ基金）」である二〇〇万円は抜きとったが、私の知人からの寄付は手をつけてない、という意味だ。通帳には二一三万円ほどが残っているようだった。

ところが、このときに私が見せられた後援会の通帳は直前の記帳ではなかったのである。「正確な残高」を私に知られないよう、小細工を労したのだ。

公設第一秘書丹内モモコは、「後援会は、落選した段階で解散となる」「後援会は、選管の規約で、閉じなきゃならない」と繰り返した。「後援会のカネは選挙で使い切るものだ」と言ったあとに、「寺田学さんの母親が後援会に寄付した五四万円を、本人が返してほしいと言ってます」とも告げた。私の痕跡を消し去るためには後援会解散をする必要があり、それには、後援会口座をゼロにしなくてはならなかったのだ。

翌一二月二八日朝、アルバイトの事務員が、「三井さんの後援会口座から寺田さんに五四万円を返すように言われました」と言い、通帳を持って銀行に走った。

こちらの心身が弱っていると見るや、いったん寄付したカネまで、むしり取ってしまおうとするえげつなさ。秋田のある地方ではこうした行為を「墓むしり」と呼ぶらしいが、こんな人たちからの寄付金など、こちらから突き返してやりたいくらいだった私は、返却に素直に応じた。

事務員が銀行から戻ってきた。新しく記帳された後援会の通帳に何気なく目をやった。二〇〇万円（WS基金）のほかに、一〇〇万円が引き出されていた。引き出された日は衆院選投票日の一二月一六日、日曜日だった。

そこで私は、松浦の秘書小玉夕香に電話をして一〇〇万円の用途を尋ねた。小玉は、「ウグイスさんたちの人件費に使いました」と弁解し、そしてこう居直った。

「誰の選挙ですか?」

「あなたの選挙に使ったのに」

「怒りますよ、冗談じゃないですよ」

「自分の選挙のために使った一〇〇万で、なんなんですか」

「誰の選挙で使っていると思っているんですかね」

「候補者本人の自己資産で選挙をやらなきゃいけないとこ、三井さん、ないじゃないですか。自分で何か出しました?」

さらには、「そんなに嫌なんであれば」「そんなに文句言うんであれば」「たかだか一〇〇万引き出しただけで」……「今、持っていきます、一〇〇万！」とすごんだ。私が「無理しないでください、あとでいいです」と言っても怒鳴り声は止まなかった。

小玉は、一時間後、自宅兼事務所に現れて、現金一〇〇万円の札束を私に叩き返した。帯封のついた札束と私を見下ろして、「なんで来たかわかりますか、泥棒呼ばわりされたからですよ」と怒鳴った。

前日の一二月二七日から録音をとるようにしていたので、このやりとりは正確に録音された。私が彼女を泥棒呼ばわりしていないことは、録音を聞けばわかる。

のちに、選挙運動費用収支報告書を確かめたら、私の選挙運動には、三九六万余円しか使っていなかった。「ウグイスさん」への支払いは一二月一五日に済んでいた。一〇〇万円を後援会口座から引き抜いたのが翌一六日だから、「ウグイスさんに払うため」は虚言っぽい。立て替えたのなら「私が立て替えたので……」と言うはずだ。では、一〇〇万円は何のために下ろしたのか……。今も謎だ。

一〇〇万円をめぐる二〇一二年一二月二八日の小玉の啖呵は、松浦事務所の本性があらわになった場面だった。

選挙は候補者個人がやるものである。だから、候補者個人がカネを出すものであり、その個人の選挙を手伝ってやったのだから「たかだか一〇〇万円」ごときでガタガタ言うな、と、虫も殺さないような優しげなお顔をしてバカ丁寧な言葉使いをしてきた国会議員の秘書さんが、すごんだのだ。民主党の公認候補になってほしいと、執拗に懇願して立候補させておきながら、その豹変ぶり。私の心は完全にフリーズした。「もうおしまいだ」と覚悟を決めた。

二〇一二年一二月二九日朝、私は自宅兼事務所となっていた借家のカギを閉め、アルバイトの事務員が指示した場所にカギを隠して、秋田を去った。

暮れ正月は体調が悪く寝たり起きたりの日々だったが、「候補者本人が自分の選挙収支を知りたいと言っているだけなのに、なぜ返事がないのだろう」との疑念は頭から離れなかった。

正月明けの二〇一三年一月六日、私は松浦に、選挙運動の収支や、政党交付金その他のおカネの使途について情報の開示を求める手紙を書いて、配達証明つきで出した。同じ手紙をメールで松浦、小原、松浦の秘書たちに送信した。

返事はなかった。催促したが、なしのつぶてだった。それで、ついに、秋田県選挙管理委員会訪問を決意した。

ここから政党交付金に関する私の探偵活動が始まり、小玉夕香を「有印私文書偽造・同行使・詐欺」で刑事告発、政党交付金残金の国庫返還に至るのだが、詳細は割愛する。もっと知りたい方は、ホームページ（http://samidori.fem.jp/index.html）の「連載　衆院秋田三区の政党交付金」をお読みいただくとして、ここではごくかいつまんでの報告にとどめる。

松浦たちは、「全身全霊で支える」と言いながら、実際には、私への政党交付金を大きく余らせるため、ドケチ選挙をした。

支出を抑えるのを一概に悪と決めつけるつもりはないが、たとえ当選が難しくても精いっぱいがんばるのが候補者を担ぎ出した者の最低限の礼儀だろう。しかし、松浦事務所側の支援は、人倫にもとるものだった。

最もわかりやすい証拠の一例は、現行の日本の選挙制度のもとでは最も大事な選挙ポスター、公選ハガキ、選挙公報の三点に、私が選挙区出身であることも、お茶の水女子大学卒・米コロンビア大学大学院修了という学歴も、東京都議会議員を二期務めたという経歴も、記載しなかったことだ。これらは落下傘同然の私を知ってもらうには不可欠の情報だった。しかも、そのポスターは公費でカバーされる枚数の半分ほどしかつくっていなかった（ほとんどの候補は公費以上を作成していた）。

選挙区の出身であることや学歴・経歴などがないポスター。候補者が何者か全く不明

そのほか、政党交付金を受け取るには「交付金受入れ口」という専用口座を開設するように党本部から指示されていた

三井ポスターのない掲示板があちこちに見つかったため選挙中にポスターはり

にもかかわらず、松浦事務所はそれを私に知らせなかった。銀行は、松浦事務所の言いなりに、金融庁マニュアルに反するようなずさんなやり方で、代表である私の委任状もなく、「交付金受入れ口」を開設して、カードまでつくった。さらに一〇〇〇万円の使途不明金まで出して、警察署に「通帳詐欺ですね」と言わしめた。

しかも選挙資金関係の重要書類に、私の恩師の名義を本人には知らせず出納責任者として使った。また、私の幼馴染の名義を、政党交付金申請書に、本人には知らせず会計責任者として使った。

また選挙資金を横領して恥じない男性を、私の選挙チームの幹部に据えた。この横領犯は、民主党秋田の重鎮で、私のポスターはりのとりまとめ役だった。彼は、ポスターはりを依頼したことにして架空領収書を何十枚も偽造し、ポスターはりの労賃を自分の懐に入れて、公職選挙法違反で書類送検された。そのため三井ポスターのない公営掲示板が何百か所にものぼった。

こうして松浦事務所は、私の選挙活動で余った何百万円もの政党交付金を、翌年に繰り越すことが可能な「基金口座」に移した。

ただし、私が「選挙区の主」である限り、このカネは誰の自由にもならないので嘘八百を並べて代表である私を追い出そうとしたと私は考えている。

四　三二〇億円の腐った制度

この章を終えるにあたって、政党交付金の流れをおさらいする。

政党交付金は、総務省からまず各政党（共産党を除く。同党は当初から交付金制度に反対して、受領拒否している）の中央本部にまとめて交付される。その後、党本部が全国津々浦々にある政党支部に分配する。各政党支部は、一選挙区一候補者が代表となって成立し、法律上は「政党」とされている。その政党支部（＝政党）の代表は誰かというと、小選挙区制で選挙を戦う現職議員や議員候補だ。

たとえば、参議院議員松浦大悟のケースを例にとる（図表3）。彼は一度当選すると六年間は選

図表3　松浦大悟代表の政治支部に入った政党交付金　（単位:円）

年	参一総支部	県連	合計	累計
2008年	3,400,000	9,000,000	12,400,000	12,400,000
2009年	10,000,000	14,000,000	24,000,000	36,400,000
2010年	10,000,000	40,000,000	50,000,000	86,400,000
2011年	12,000,000	24,400,000	36,400,000	122,800,000
2012年	19,000,000	28,036,000	47,036,000	169,836,000
2013年	42,000,000	29,512,000	71,512,000	241,348,000
合計	96,400,000	144,948,000	241,348,000	

図表4　松浦大悟代表の「参一総支部」に入った政党交付金と基金口座額

	政党交付金	基金口座に貯めたカネ
2009年	1,000万円	548万7,407円
2010年	1,000万円	404万8,382円
2011年	1,200万円	666万4,192円
2012年	1,900万円	637万5,840円

挙がない。私が把握しただけでも二つの政党支部の代表となっていて、その二つに毎年政党交付金が送金され、六年間の総額は二億四一三四万円だ。

「参一総支部」とは民主党秋田県参議院選挙区第一総支部のこと。「県連」は民主党秋田県総支部連合会のことで、秋田県内の民主党の全支部をまとめている。私が代表であった衆議院秋田三区の政党支部もその傘下のひとつだ。

民主党秋田県参議院選挙区第一総支部の基金を見よう。松浦代表は年末になると、「基金口座」に図表4のように貯めていた。

毎年、政党交付金の半分近くが残されて、基金口座に移されている。これらすべての会計事務処理に、松浦の公設第一秘書である丹内モモコが関与していた。秘書小玉夕香も、二〇一〇年から毎年かかわってきた。この秘書らが、衆院選に立候補した私の選挙会計を一手に握った。

秘書らは、当然ながら、候補者（政党支部の代表）には党本部から政党交付金というカネが入ってくること、その政党交付金を使わずに残しておけば次年度に使えること、それには銀行に「基金口座」を新設して、そこに移しさえすればいいことを熟知していた。

選挙後、秘書らは、「落選した時点で総支部（政党支部のこと）解散、支部長解任なのです。総支部はなくなるんです。閉じるんです。民主党ではそうなっているのです」と私に明白な嘘をついた。立候補を私に要請したときは、「衆院選はまたあります。国政選挙だけでなく、知事選、県議選など選挙は次々に来ますので……」などと甘いことを言っていたのに、選挙を終えたら、お前は用済みだというわけである。

私の選挙のための資金の残りを自分たちが自由に使うために、「政党」代表である私名義の新口座（基金口座）を半ば強制的につくらせて、そこに移して、その代表である私を追い出そうとした。二〇一三年二月までの私は、口惜しいかな、こうした企みに全く気がつかなかった。

松浦事務所の大嘘にはっきりと気がついたのは、衆院選後だいぶ経ってから入手した「民主党規定集」の組織規則一三条を読んだときだった。短く言うと、

「衆院候補が総支部長（政党支部の代表）の資格を失ったら、その選挙区の県連の代表者が総支部長ポストにつける」

つまり落選後、私が「総支部長」を退くと、私に代わって秋田県連代表の松浦大悟が秋田三区の総支部長になると言うのである。

実際、二〇一二年夏、秋田三区総支部長だった京野公子の離党後、総支部長になったのは松浦だった。また、寺田学（秋田一区）、川口博（秋田二区）の二人は、二〇一二年の衆院選で落選後、二〇一三年四月の地方選で首長選に立候補するため離党したのだが、そのときに両支部の代表に就いたのも松浦だった。

要するに松浦は、私が秋田三区の政党支部代表になる直前まで代表に就いていて、選挙後に私がいなくなれば、また秋田三区の代表に就く、という段取りだった。政党支部の代表につけば、私が政党支部に残した政党交付金を、彼は自由に使える……それが現行の政党交付金制度なのだ。

もうひとつわかったことがある。

「落選した時点で支部長解任」と松浦らから嘘の通告を受けて代表を退いた私は、実は、民主党の規則では「解任されていなかった」のだ。

二〇一三年二月一日、衆院選の政治資金について相談に行った永田町の民主党本部で、組織部長は私に「政党支部にカネがある限り、支部はつぶせません」と言明した。

そして部長は、一枚の文書を私に見せた。「落選候補も総支部長職を継続できる」と記されていた。民主党は、二三一議席から五七議席に激減した二〇一二年の衆院選を受けて、「二〇一三年七月の参院選までの特別措置」を決めていたのだ。

民主党のこの特別措置は、二〇一二年一二月二六日、幹事長細野豪志がテレビでも発表した。「落選した時点で、総支部長解任、総支部解散。民主党はそうなっている」と、松浦の公設秘書らが私に言ったのは、その翌日の二七日だった。公設秘書丹内らは、「三井は落選後も総支部長を解任されない」ということを知っていて、私には「落選した時点で、総支部長解任、総支部解散。民主党はそうなっているのです」と嘘をついたのだ。私にいろいろ悟られる前に私を追い出したかったのだろう。

私がもし、泣き寝入りしていたらどうなっていたかと考えてみた。

供託金三〇〇万円は、秋田県連（代表松浦）に返金されたまま、私には返されなかっただろう。私はのちに、基金口座の印鑑を変える手続きをして勝手に引き出せなくしたのだが、そこに振り込まれた政党交付金の残金四四〇万円も、松浦事務所の管理下に入っただろう（最終的に私は全額国庫返還した）。また友人たちが後援会に寄付してくれた浄財二一四万円も消えただろう。つまるところ、私名義の口座のカネ二〇〇〇万円のうち、一〇〇〇万円ほどが松浦大悟事務所の管理下に入ったと推定できる。

政党交付金と聞くと、あたかも真っ当な人々が真っ当な政党活動に使うものと国民は思うだろう。しかし、そのカネは現職議員や秘書など選挙に手慣れた人たちの手にかかれば都合のいいように使われたり、蓄財されたりする。

こんな不条理は、きっと日本列島のあちこちで実行されているに違いない。

元都知事の舛添要一は、正月を家族とホテルで過ごしたその代金を、政治活動費に計上するなど公私混同が指摘された。自分が代表する「新党改革」支部から自分の資金管理団体（事実上の自分の財布）に四二九万円を寄付して、その直後に政党支部を解散した（『朝日新聞』二〇一六年五月一四日）。

でも、こんなのはみみっちい話のようだ。

元長野県知事の田中康夫は、党首だった「新党日本」の政党交付金の残高八五五〇万円を国庫に返還せずに「基金口座」に移して、人件費として使った、と『週刊文春』（二〇一六年六月一六日号）で報道された。新党日本のただ一人の国会議員だった田中の落選で党は消滅したのだが、政党交付金はちゃっかり基金口座に移されていた。それを「人件費に計上」しさえすれば何に使おうと領収書はいらないのだ。

こんなマジックはたくさんあることを、東京新聞は二〇一〇年に報道している。

当時、政党交付金を受け取っていた一七政党が解党になったのだが、政党交付金を国庫に返還した政党は皆無だった。

「政党交付金制度が導入された後に解散した十七政党すべてが、解散後に交付金を国庫に返還していなかったことが十日、各党の使途報告書などから分かった。民主党の小沢一郎幹事長が党首を務めた自由党と同様に、所属する議員の政治団体への寄付などで使い切って残高ゼロだったのが九党。残りの八党は後継政党に資金を引き継いでいた」（『東京新聞』二〇一〇年二月一一日）

「自由党と同様に」とは、自由党（小沢一郎党首）が解党される前に、自由党からまず同党の政治資金団体「改革国民会議」に一三億六八一六万円（うち政党交付金五億六〇九六万円）の寄付があったことを意味している。同党は民主党に合流したのだが、そのときすでに自由党の「改革国民会議」は小沢一郎個人の政治団体に変わっていたのだ（「政党交付金、何を問題視？〔Q＆A〕」『日本経済新聞』二〇一〇年一月一二日）。

みんなの党の政党交付金もおかしな経過をたどった。二〇一五年、使い残した政党交付金約八億二六〇〇万円が国庫に返還された。だが、解党決定後に所属議員側に計約四億七〇〇〇万円が移され、一部は議員個人の政治団体に入った。それでも余った約八億二六〇〇万円が、国庫返還されたのだそうだ（「検証政党交付金二〇年」『朝日新聞』二〇一五年九月二六日）。

以上、二〇一〇年以前に消えた一七政党に加え、この原稿を書き始めてから、新党改革、新党日本、民主党、みんなの党など計二一政党が消え去った。しかしながら、政党交付金という名の公金は、所属の変わった政治家個人の政治団体という懐の中に残った。

もっと変なのは、政党交付金が候補者個人などへの寄付金となっていることだ。

秋田県の選管で私が調べてわかったことだが、参議院議員松浦大悟が支部長を務める「民主党秋田県参議院選挙区第一総支部」は、支部長松浦個人に対して二〇一三年七月四日付で一五〇〇万円を寄付していた。ところが、この収支報告書の当該ページは、私が閲覧した直後の同年九月に「八〇〇万円」に修正された。他人に閲覧されたことに気が付いて手直ししたのだと思われる。

かの小渕優子は、二〇一二年、自分が支部長の「自民党群馬県第五選挙区支部」から一〇〇〇万円の寄付（陣中見舞いだそうだ）を受けていた。

『誰も言わない政党助成金の闇――「政治とカネ」の本質に迫る』（上脇博之著、日本機関紙出版センター、二〇一四年）によると、小渕優子だけではない。自分が代表者となっている政党支部から自分自身に寄付をした国会議員・候補者の名がズラリと載っている。「二〇一二年の総選挙で、自民党の候補者二三九人がお手盛り寄付をしていた。閣僚では「稲田朋美行政改革担当大臣一一〇〇万円。古屋圭司国家公安委員長一〇二一万円、茂木敏充経済産業大臣一〇〇〇万円、下村博文文部科学大臣七〇〇万円、安倍首相五〇〇万円、麻生太郎副総理・財務大臣五〇〇万円」。閣僚外では、衆院議員福田達夫は、「一一月二七日五〇〇万円、一二月一日五〇〇万円、同八日三〇〇万円」の政党交付金一三〇〇万円（私と同額！）をすべて支部長である自分に寄付していた。

この原稿を書いている最中、「中山恭子氏、離党日に二億円移転　『こころ』支部から自らの団体へ」というニュースがはいってきた（共同通信社、二〇一八年一二月一日）。

参議院議員中山恭子は、日本のこころ代表だったのだが、希望の党に移った。離党した二〇一七年九月二五日に、政党支部「日本のこころ参院比例第二支部」（代表中山恭子）から自分の政治団体（実質的に自分の財布）にカネを移動していたというのだ。その額、二億一〇〇〇万円！　これも国民の税金である政党交付金だろう。

こんなふうに政党交付金を「支部長が自分自身や自分の政治団体へ寄付する」という抜け道は、

図表5　世界の政党交付金の年額（カッコ内は1人当たり）

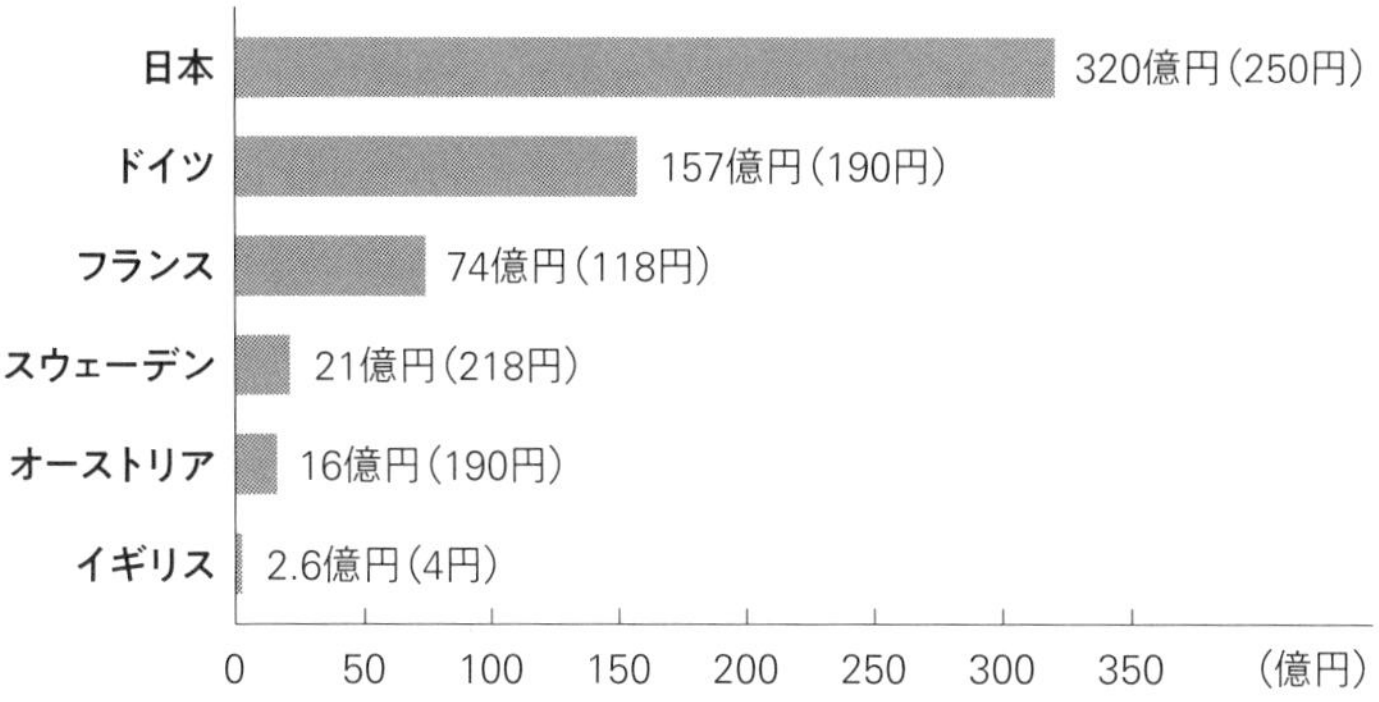

泥棒的脱法行為と言えるのではないだろうか。政党交付金が交付される政党支部（法的には政党）は、政党とは名ばかりで、一候補者の選挙マシーンなのだから、小選挙区制である限り、この「公金を私物化させるシステム」は続くことだろう。

この腐った政党交付金制度に、毎年、約三二〇億円の国費が投じられている。

日本の総人口に二五〇円をかけた額の巨額の税金である。この制度ができたときは、「二五〇円なんて、コーヒー一杯で政治がクリーンになるなら安いものじゃないか」と言われた。

朝日新聞の二〇一三年五月一三日の「Globe」ページの「日本の国民負担は？　各国の政党交付金」というコラムは、世界六か国の政党交付金の総額と一人当たり負担額を、円に換算して比較をしている。それをもとに作成した図表5を見てほしい。

日本は、総額でも一人当たりでも世界で抜きん出て高額なのである。

では費用対効果はどうか。

私の実感では、政党交付金は、その設立目的である「政党の政治活動の健全な発達」「民主政治の健全な発展」のためには全く寄与していない。それどころか民主政治を腐らせている。

そこで、本章の最後に、政党交付金の規則の変革にしぼって提言をさせていただく。

厳密に言えば選挙期間の収支は公選法に基づく「選挙運動費用収支報告書」に記載される。また政党交付金だけの収支は政党助成法に基づいた「使途等報告書」に記載される。そして政党交付金を含む全政治資金の収支は政治資金規正法に基づく「政治団体収支報告書」に記載される。本稿では、便宜上これらを一括して「収支報告書」と表現する。

七つの提言

一　政党支部から支部長個人や支部長後援会への寄付は禁止する

二　政治団体は銀行口座開設と同時にクレジットカードを作成し、いかなる支出もカード払いとする

三　政治団体や選挙運動による支払いは、現金払いを禁止し、相手の銀行口座に送金する

四　選管に政治団体の収支報告を出す際には会計出納帳（現金出納帳）のコピーを添付する

五　収支報告の監査役は、身内や被雇用者ではない、支部長と利害のない第三者にする

六　衆院選候補者（政党支部の代表）が選挙の収支報告書に名前を載せるとき、現行では代表印が不要だが、これを代表の実印にする

七　収支報告書の会計責任者（出納責任者）の住所氏名は自筆にし、ハンコは実印にする

これが実行されれば、選挙にまつわる会計はすっきりする。現在、支出詳細が不要とされていて不透明支出の温床となりやすい「人件費」「一～五万円の支出」「光熱水費」も、前記二、三により透明化される。なによりも、松浦大悟の秘書らのような怪しげな役回りも不要となる。

第II部 比例代表制のノルウェー

男女ほぼ半々のノルウェー国会

第一章
ノルウェーの若者はこうして鍛えられる

全党の候補が舌戦をくり広げる
（2017年8月25日　エルブルム高校）

一　政治をタブーにしない社会

ノルウェー国会議員選挙を二週間後にひかえた二〇一七年八月二五日、オスロの北にあるヘードマルク県エルブルム市で政党討論会が予定されていた。国会議員を出している主要八政党を含む一一の政党から代表者が登場するという。

午前九時半、三〇〇人ほどいるだろうか。広い会場は満席だ。壁にそって立っている人や床に座っている人もいる。

前方に用意されたテーブルに政党の代表者一一人が座った。各人の前には政党シンボルマークが張られているが、人名はない。ここは比例代表制選挙の国。有権者が投票するのは政党であって、候補者ではないのだ。

向かって左から、赤党、左派社会党、労働党、中央党、緑の党、民主主義党、キリスト教民主党、自由党、保守党、進歩党、リベラル党。政策が左寄りか右寄りかに対応して、左から右へ、極左とされる党（赤党）から極右とされる党（リベラル党）まで、各党代表が横一線で座っている（一〇七頁写真）。

午前一〇時すぎ。二人の女性司会者が木槌を叩くと、会場が静まり返った。

真剣なまなざしで政党の選挙公約を聞く（2017年8月25日　エルブルム高校）

まず各政党は三分以内で公約を発表した。

次に、「移民難民問題」「健康福祉問題」「オオカミ捕獲問題」など重要政策別に政党の考えが述べられた。このとき、発言に異議がある他党の代表は、ただちに手を上げて反論をすることができる。ただし反論は一分。それをすぎると司会が木槌を一回叩く。それでもやめないと二回叩く。発言は簡潔である。

フロアの聴衆は、ユーモアや機知に富んだ表現には大きな拍手と笑いで応える。

こうして、約一時間で政党代表者による討論は終了した。フロアからの質問に答える時間はなくて、個別の質問は、討論会会場の隣のカフェテリアに設営されている選挙スタンドで、となっていた。

カフェテリアでは、政党別のスタンドに数人の運動員が陣取っていた。選挙チラシや選

議論に巧みに応える政党には拍手喝采（2017年8月25日　エルブルム高校）

挙グッズをそろえて、討論会場からゾロゾロと移動してくる人たちを迎えた。運動員は、政党のシンボルカラーに各政党や政党青年部のマークがプリントされたTシャツを着ているので、どの政党人なのかわかりやすい。質疑応答や討論が繰り広げられた。

さて、ここまで読んだあなた。この会場が県立高校で、司会の二人も大勢の聴衆も県立高校に通う高校生たちであると言ったら、信じていただけるだろうか。

これを、ノルウェーでは「スクール・エレクション」と呼ぶ。

ノルウェーの学校教育は、小学校七年（六〜一三歳）、中学校三年（一三〜一六歳）、高校三年（一六〜一九歳）、そして大学の三年だ。子どもたちは、中学校在学中に、職業専門学校か大学進学向け学校かの選択をする。エルブルム

カフェテリアで政党党員と話し合い（2017年8月25日　エルブルム高校）

高校は大学進学向け学校で、日本で言う「進学校」だ。

スクール・エレクションは、ノルウェー全土で高校生が国政選挙や統一地方選挙本番の一週間前までに行う〝模擬選挙〟だ。町中の選挙運動と同じ光景が学校内で展開される。それぞれの高校の生徒会（ユース・カウンシル）が主催者となり、教員の介入は一切ない。目の前のノルウェーの高校生たちは実にのびのびと「生きた政治」を学んでいる。

私はその昔、都立高校の教師だったので、日本の高校の規律や慣行・風習を知っている。日本で、こんなことを許す校長がいたら、都議会や教育委員会から間違いなく袋叩きにあうだろう。

エルブルム高校の校長は、校内での選挙運動を許すどころか、なんと、自らが自由党の市議会議員でもある。

ノルウェーでは地方議員は、通常の仕事や学業をしながらの無給ボランティアだから、教員が市会議員を務めるのは珍しいことではない。

エルブルム高校の校長兼市議は、今回の国政選挙では、ヘードマルク自由党国会議員候補リストのトップに登載されていた。「国会議員はフルタイムの有給職でしょ。当選したら校長をやめるのかしら」と友人のマグニ・メルヴェールに聞いたら、「ヘードマルク選挙区では自由党から当選者が出たことはないので、トップに登載されても当選は無理。そんな心配しなくてもいいのよ」と笑われた。

演台前で木槌を叩いた司会の女性、マイケンとヴィレムは生徒会の代表だった。この二人は、このような会議の進行方法について、ヘードマルク県ユース・カウンシルUFTという全県組織から手ほどきを受けたという。

日本と違ってこちらの高校生の組織は、まちづくりや県政について、若者を代表して意見を述べる超党派の政治的団体なのだ。UFTは、県下の各市二人ずつの若者代表で組織され、若者にとって重要だと思われる課題を決めては、県議会に届ける。県議会の会議に出席もできる。UFTのパンフレットにはこうある。

若者が政治参加すれば、民主主義が強固になり、正統性のある決定が生まれます。若者は自分の未来に影響力を与えられます。一方、地方議会や町は、新鮮な視点で地方の課題を見つめる機会を得られ、しかも議員候補を発掘できます。

私たちの政治力で勝ち取ったもの——

夜の文化活動後に安全に帰宅できるよう乗り合いタクシー券を勝ち取りました。

若者の権利確保を支援する「中高教育オンブッド（オンブズマンのこと）」を新設させました。

政党討論会の一〇日後にエルブルム高校で投票が予定されていた。私は高校を再訪した。バイクや自転車はもちろんだが、車で登校する生徒も多い。制服はない。ヘアーダイ、マニキュア、タトゥー……なんでもありだ。ヘジャブやチャドルのイスラム教徒もいる。

投票所は、政党討論会の行われた階段教室に入る手前の廊下に設けられていた。

まず受付。生徒たちは、名前とクラス名を用紙に書く。次に、投票のしかたの説明を受けて投票ブースに入る。

投票ブースは町の投票所と同じように、カーテンで仕切られている。中に入った投票者は、カーテンを閉める。投票ブースの中には、二一政党の候補者リスト、すなわち投票用紙が政党ごとに並んでいる。点字のリストもある。二一政党のどこも支持できない人向けに「ブランク投票用紙」もある。ただし候補者の順番を変えたりはできない（これについては後述）。

支持する候補者リストを一枚だけ持ってブースから出てくる。「あ、中身を見せちゃダメ。こち

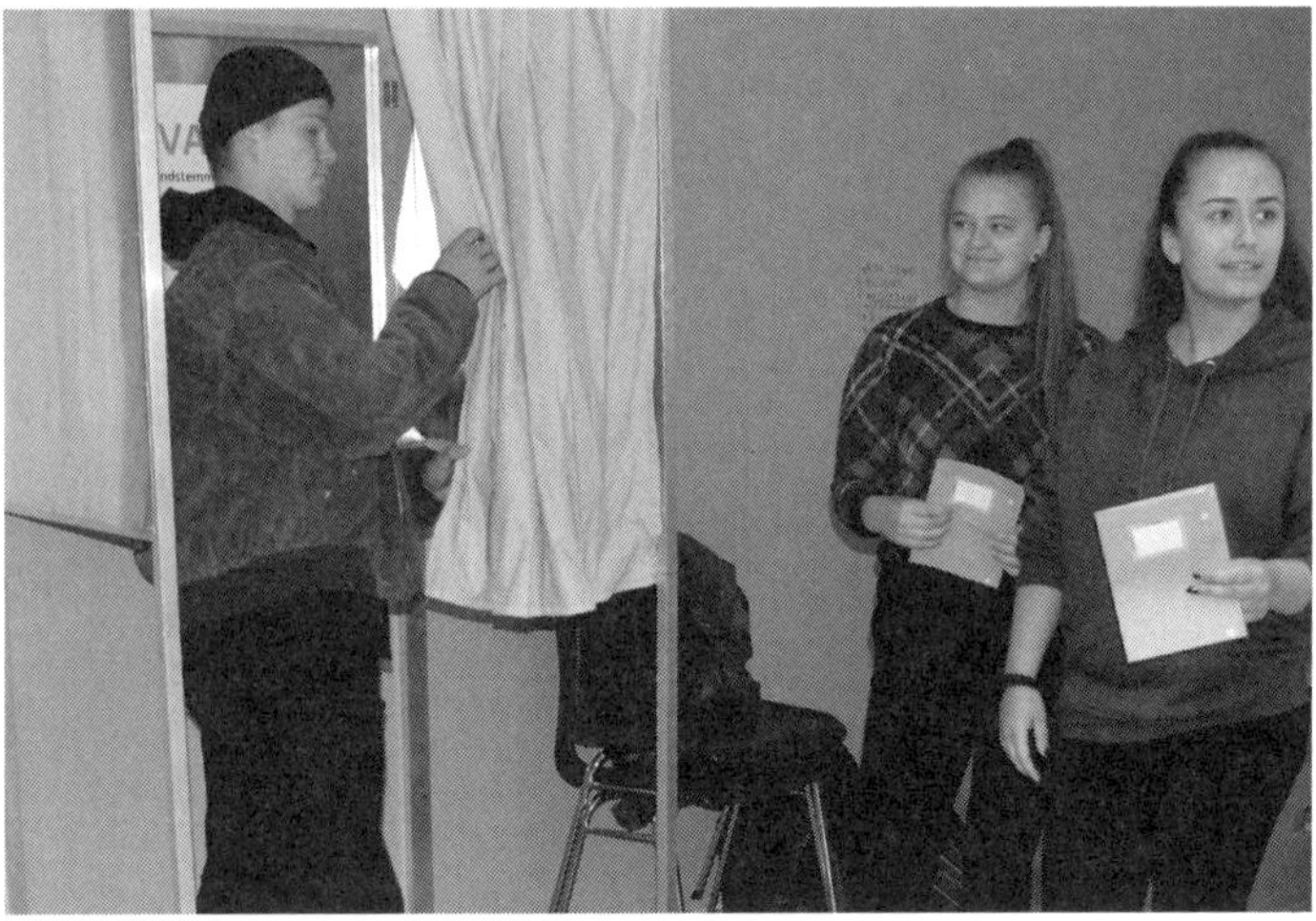

模擬投票をする高校生と監督する高校生選挙管理委員
(2017年9月4日　エルブルム高校)

らを内側にして二つ折りにしてください」と、選挙管理委員から注意を受ける生徒もいる。投票用紙に大きなスタンプを押してもらったら、投票箱に入れる。

投票用紙は、通常の投票所で使われるものと全く同じ。投票箱も、王国マークが彫刻された立派なものだ。こうした選挙管理事務が、ことごとく生徒のみで行われる。

選挙管理委員は四人の女生徒。受付はベアテ・ビョルケホーレン、投票監視はミーナ・ハーセラン・バウゲルートとヘッダ・レグスタ・フースビュイ、投票用紙への押印と投票箱への投函監視はアーダ・ベルゲ。みな本物の選挙権を持つ高校三年生だという。

彼女たちは、一週間前に「選挙の投票の管理をしたい人はいませんか」と先生から言われて、「やります」と応じたボランティア。投票日の朝、前述した県の若者組織ＵＦＴから選挙管理のオリエンテーションを受けた。

ノルウェー全土の四〇〇に近い高校で、選挙があるたびに、高校生がこんなふうに政治参加をする。

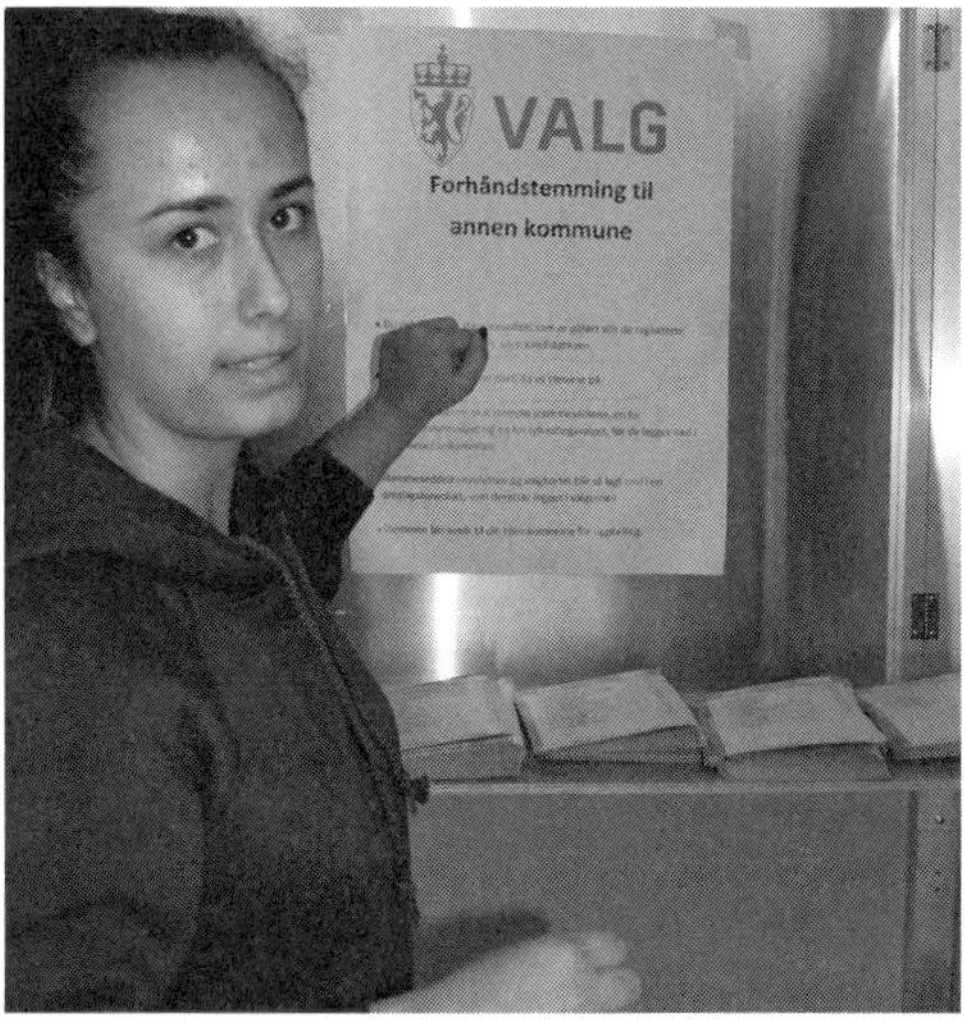

投票のしかたを説明する選挙管理委員の高校生

スクール・エレクションは一九八〇年代から始まった。あくまで〝模擬選挙〟だが、社会的に大きな意味を持っている。補助金を出している教育科学省（日本の文部科学省）の下部機関であるノルウェー調査データセンター（ＮＳＤ）は、スクール・エレクションを次のように意義づける。

「政治的ロールプレイである。生徒たちは、実際の行動を通じて、選挙や、政党、選挙事務局について体得し、この国の政治制度がどのように動いているかを知ることになる」

各校の生徒会から送られた招待状に応じて、政党代表が学校にやってきて政策討論をする。校内には全政党の選挙スタンドが立ち並び、町角の選挙運動と同じ光景が高校生対象に繰

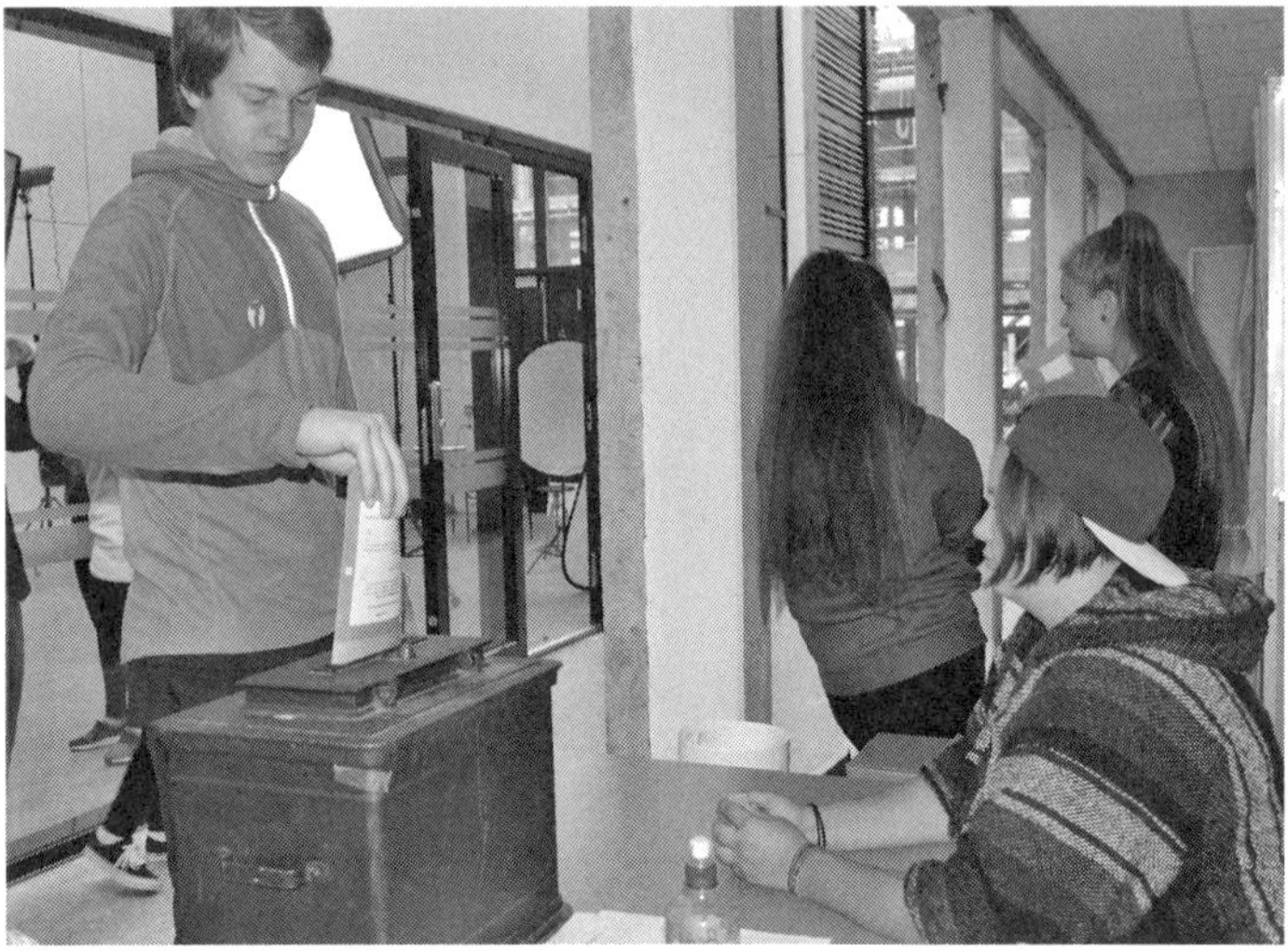
投票する高校生

り広げられる。

その何日か後、だいたいは本番の投票日の一週間前、ほぼ全高校で模擬投票が行われ、ただちに学校ごとに各政党の獲得票が集計され、NSDが全国の合計を出す。それをメディアはいっせいに大きく報道する。これで、若者たちがどの政党をどの程度支持しているかを把握できる。

二〇一七年で見ると、三九二の高校の約一九万人の高校生が投票した。

結果は、労働党二七・八%、保守党一五・一%、進歩党一〇・四%、左派社会党一〇%、自由党七・四%、緑の党六・八%、中央党六・七%、赤党五・七%、キリスト教民主党三・一%。

ノルウェー最大の政党は労働党で、第二党は保守党、第三党は進歩党なので、高校生は大人たちとほぼ同じ支持傾向だとわかる。

「若者は一般より赤い」と大見出し（Hamar Arbeiderblad　2017年9月6日）

私が訪問したエルブルム高校の投票率は九一・七％（全校九三二人のうち八五五人が投票）。

赤色で表される労働党中心の左派リーグは、青色の保守党中心の右派リーグよりはるかに獲得票が多かった。エルブルム高校のある県のローカル紙は、「若者は一般市民より赤い」と大見出しをつけて、カラー写真つき見開き二ページで報道した（写真）。

ノルウェー統計局は、二〇一七年九月の国会議員選挙について、同年一二月、投票率を年齢別に発表した。全体の投票率は七八・二％、一八～一九歳は七二・七％。一〇代は全体の平均に比べて低い。それでも七割を超していた。ちなみに日本だと、総務省の発表によれば二〇一七年一〇月の総選挙で、一八～一九歳の投票率は四一・五一％だった（全体の投票率五三・六八％）。

二　政治家の出発点は高校時代

ノルウェーの若者は、どのようにして政治的に鍛えられていくのか。それを知るには、ノルウェー史上最悪のテロ事件「ウトヤの惨劇」が一番である。

二〇一一年七月二二日、犯人は、オスロの政府庁舎前で爆弾を爆破させて八人を殺害したあと、オスロの北にあるウトヤ島で銃を乱射して六九人を殺害した。

ウトヤはオスロから車で一時間ほどの湖に浮かぶ小島で、ノルウェー労働党青年部が一九五〇年から所有する。大自然の中に食堂や研修棟があって、六〇年間、毎夏、テント生活をしながら若者が政治を学んできた。

労働党青年部の歴史は古い。一九〇三年七月、一五人の若者（残念ながら女性はいなかった）が、ブスケルー県の県都ドランメンに集まって「ノルウェー社会民主主義青年同盟」をつくったのが始まりだ。

労働党青年部のような若者の政治団体は政党ごとにあって、ノルウェー政治家の登竜門になっている。こうした若者の政治団体は、組織的にも財政的にも党本部とは独立していて、ＥＵ加盟問題や難民問題など党本部と意見を異にする場合もある。

若者の政治活動を支援するため、ノルウェーの「政党交付金」は、政党中央、政党青年部、政党地方組織の三つの機関に、別々に分配される。ノルウェー語で青年部は「ungdomspartiene」で、直訳なら「青年党」だ。でも日本では誤解を招きそうなので、これまで通り「青年部」と訳す。

二〇一一年のサマー・キャンプは、七月一九日から二四日までの五泊六日で、参加者は一〇代を中心に七〇〇人にのぼった。犯人のアンネシュ・ブレイビクは、反イスラム、反多文化主義を信奉する極右の白人男性だった。報道によると、彼は進歩党（極右政党と表されることが多い）の党員だったが、政策が生ぬるいと離党した。一方、当時与党だった労働党は、難民や移民に寛容な政策を掲げていた。

「ウトヤの惨劇」の死者は七七人。ほか一〇〇人以上が重軽傷を負った。死亡した若者のほとんどは一〇代で、最年少は一四歳。うち地方議員候補の一一人は、二か月後に控えていた統一地方選に向けて本格的選挙運動に臨む矢先のことだった。

事件当日、七月二二日（金曜日）のプログラムは次頁の図表6のようなものだ（https://auf.no/）。午後三時半から四時半の時間帯の「政治ワークショップ」は毎日必須のプログラムで、環境問題、外交、男女平等など幅広い政治テーマに、ジャーナリストや国会議員や活動家など多彩な講師が登場する。事件の日の政治ワークショップは皮肉にも「女性と子どもたちへの暴力」。国会議員のスティネ・レナート・ホーヘイム（法務委員会所属）の講演だった。

労働党党首で首相のイエンス・ストルテンベルグ（現NATO事務局長）は、一九七四年からウト

図表6　ウトヤ島のサマー・キャンプ2011年7月22日（金）のプログラム

7:30	朝の運動
8:00～9:00	朝食
8:30～10:30	サッカー、バレーボール
11:00	連合青年部からのメッセージ
11:10～12:40	スピーチ　グロ・ハーレム・ブルントラント（元首相）
13:00～14:00	昼食
13:00～15:00	サッカー、バレーボール
15:30～16:30	政治ワークショップ
17:00～18:00	ボート
18:00～21:00	サッカー、バレーボール
18:00～19:00	夕食
18:00～20:00	連合（労働組合）リーダーへの連合メンバーによる“尋問”
21:00～2:00	夜の喫茶
10:30～22:00	テリエ・スポルヘイム演技
22:30～	ディスコ
2:00～3:30	映画

ヤ夏合宿には欠かさずに参加し、国会議員になっても講師として参加してきた。彼は、ウトヤ島を「若者の楽園」と呼び、サマー・キャンプを「僕の人生の大切な一部」と語っていた。

二〇一一年も、事件のあった日の翌七月二三日に講演が予定されていた。しかし二二日夜、首相は憔悴しきった表情で記者会見に臨んだ。BBCが世界に報道した英文から、ハイライトを拙訳する。

「私たちは爆弾でも、襲撃でも黙らない、脅迫を許さない。われわれは民主主義を捨てない。今宵は、互いになぐさめ、語りあおう……そして明日、私たちの民主主義が決して屈しないことを世界に発するのだ」

ウトヤ島でのテロ事件に遭遇した若者たちのその後が、新聞やネットに紹介された。

ヘレン・カルテンボーン（二〇歳、女性）

二〇〇七年から、ヌーラン労働党青年部に入った。二〇〇八年からウトヤ夏合宿に参加。二〇一一年はヌーラン労働党青年部の副委員長、ヌーラン県会議員として参加。はじけるような歓喜の日々は、七月二二日を境に地獄に変わった。崖のうしろに隠れて一命をとりとめた。大勢の友人を失った。テロ襲撃の傷がいえないまま、自宅のあるヌーラン県に帰り、九月の投票日に向かって県会議員候補として選挙運動に突入した。選挙区で一軒一軒、戸別訪問をして、民主主義の大切さを訴える。将来は医師になるつもりだ。

ムニール・ヤーベル（二一歳、男性）

エリトリアとモロッコからの移民を両親に持ち、オスロ郊外に住む。夕食のときに政治の話をよくするので、自然と政治に関心を持つようになった。二〇〇七年からオスロ労働党青年部で活動を始めた。最大の関心事は難民問題。ウトヤ夏合宿には何回か参加した。最初の襲撃を聞き、とっさの判断で数人を誘導して、その後、自分も危ないとわかり必死に逃げた。「連帯、平等、公正」という価値のためには、選挙で投票率を上げること。オスロ市内のあちこちでチラシまきをする（追記：二〇一一年九月、ノルウェー地方選取材でオスロを歩いていたら、チラシまきをする彼に出会った）（一二二頁写真）。

労働党青年部のムニール・ヤーベル

ニルス・クリステン・サントルーエン（二三歳、**男性**）

ヘードマルク県チュンセット市生まれ。高校卒業後、米アラスカの大学に留学。アラスカは貧富の差が大きく、生きることに不安を抱いている人が多かった。母国ノルウェーは、質の高い公立学校、誰もが楽しめる文化・スポーツ施設などがあり、貧富の格差が少ないという認識を新にした。格差の少なさが信頼し合える社会をつくるとするノルウェーの価値観は、闘いとらねばならないものだ、と米留学で確信した。ウトヤでは、湖を泳ぎ切って助かった。事件から学び取った最大の教訓は、民主主義は「当然にあるものではない」ということ（追記：二〇一五年チュンセット市議。二〇一七年八月二五日エルブルム高校の討論会に出席していた。現在国会議員）。

カムシャジニ・グーナラナム（二四歳、女性）

愛称カムジ。スリランカの内乱を逃れて新生活を求めた両親とともに三歳のときノルウェーに移住した。オスロ大学の学生で、二〇〇七年からオスロ市議として活躍。ウトヤでは銃殺か溺死かだと思っていたが、銃弾の降りしきる中、冷たい湖を泳いで生き残った。大勢の友人が目の前で息絶えた。政治にめざめたのは、幼い頃から劣等感にさいなまれ、雪玉を投げつけられるなどいじめにあってきたから。放課後にタミール・コミュニティの活動に熱心に参加するようになり、そこから労働党青年部に入った。ウトヤ事件後、オスロ市議二期目に挑戦した（追記：二〇一一年、二〇一五年、二〇一九年の選挙で連続当選。現オスロ副市長）（写真）。

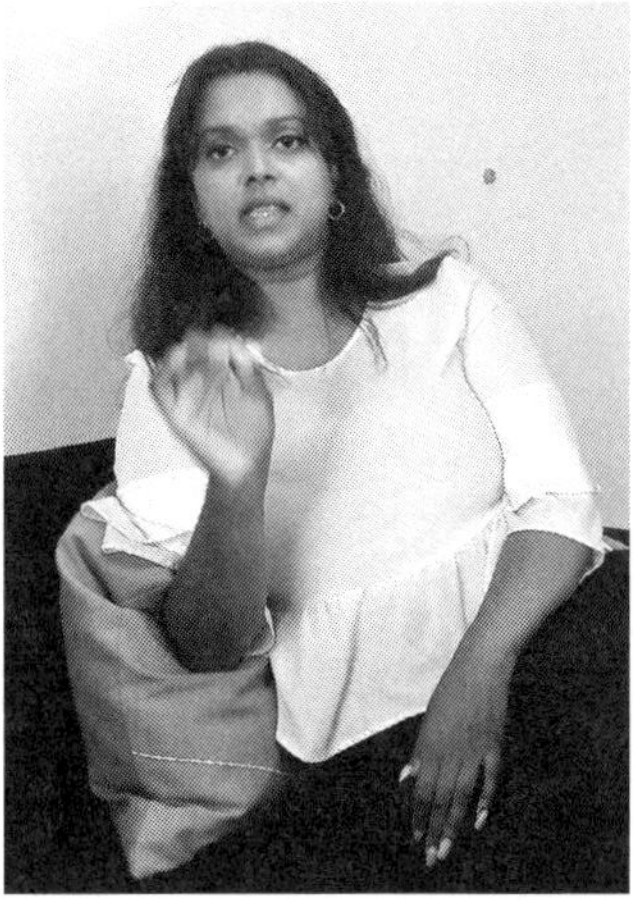

スリランカの移民カムジは市議から副市長になった。オスロ副市長室にて（2019年8月20日）

トニエ・ブレナ（二四歳、女性）

アーケシュフース県の労働党女性部リーダーとして活躍し、二〇〇七年から県会議員。労働党青年部事務局長として、二〇一一年ウトヤ夏合宿の総責任者だった。七月二二日午後、「官庁街爆破」のニュースに動揺する参加者たちに「ウトヤ島はどこより安全よ」と安心させようとした。その直後、襲撃が始まった。負傷した女の子を背負って逃げた。事件後、「私たちは、ケバブやピッツアを食べ、世界の音楽や映画を楽しみ、何か国語も飛び交う中にいる。違いに寛容な社会のためには闘わなくてはならず、そのために政治がいかに重要か、これほど強く確信したことはない」と（追記：現在ヴィーケン県会議員）。

バノ・ラシード（一八歳、女性）

死亡。クルド系イラク人。彼女の一家は、一九九九年、サダム・フセイン軍に襲撃されたクルド地区から亡命してきた。オスロ近郊のネソッデン市に移住。ネソッデン労働党青年部部長。妹と二人でウトヤ夏合宿に参加した。妹は一命をとりとめたものの、バノは死亡。弁護士資格をとって国会議員になり、「民主主義の擁護と人種差別撤廃に命をささげる」と周囲に語っていた。襲撃の日の朝は雨だった。キャンプに招かれていたブルントラント元首相に、バノは長靴を貸してあげたことが葬儀で報告されたという。

ウトヤの惨劇の数日後、オスロ、ベルゲン、トロンハイムなど都市を中心にバラを手にした市民のデモがあった。バラは労働党のシンボルだ。

ベルゲン大学の日本語講師ユーコ・リンダールは「私もバラを二本買って、デモに参加しました。オスロでは一五万人、ベルゲンでは三万二〇〇〇人、国中で五〇万人以上の人がバラの行進

ウトヤ惨劇後「暴力に屈するな 政治参加を」と叫ぶ労働党青年部
（2011年9月8日　オスロ）

に参加したそうです」と私にメールを送ってきた。

オスロ在住の通訳・翻訳家守口恵子は、事件後の指導者の対応に感銘して、こんなメールを私に送ってきた。

「国王、首相、法務大臣、オスロ市長などが『民主主義を貫き、より開放的な、寛容な社会をつくること。それこそが、悪行に対する復讐となるのだ』と一貫して宣言しています。宗教に関連した発言を得たいため、レポーターが誘導的な質問をしたときに、警察庁の代表が『それはあなたの解釈だ』とその質問に答えず、『人間というものは、得体の知れないものですから』とかわしました」

反イスラム化、反多文化社会を唱えたブレイビックの犯行は、多くのノルウェー市民の心を逆なでした。保守系主要紙アフテンポステンは、二〇一一年七月二六日、「悲劇のあと、各政党の青年部に、かつてないほど多くの入党者」と報道した。事件のあった七月二二日から四日間で、保守党青年部は四〇人、進歩党青年部は三〇人の新規登録があったという。労働党青年部は登録者数を明らかにしていないが、「新入党員の登録は記録的な数」と報道された。

以上は、ノルウェー最大政党である労働党の若者の政治動向だが、他の政党の若者にも聞いてみよう。

ノルウェー国会一六九議席の約四割を女性が占める。二〇一七年九月一一日の選挙で、中央党のエミリー・エンガー・メール（二四歳）は、国会議員になることが確実になった。理由は、エミリーが選挙区ヘードマルク県（定数七）の中央党候補者リストのナンバー2に登載されたからだ。ノルウェーの候補者は、選挙のある年の一年前から政党内で検討される。政党が候補者リストを選挙管理委員会に提出するのは、投票日の半年前にあたる三月だ。そのとき、エミリーは、まだオスロ大学法学部で学ぶ学生だった。そんな女子大生が、有力国会議員候補となれるのは、比例代表制選挙だからである。

選挙候補者を決める際、一方の性を四〇%以上とするクオータ制をとる政党が、一九七〇年代に出現した。以来、今ではほぼすべての政党がクオータ制を採用し、例外は「クオータ制反対」を公言する右寄りの進歩党だけだ。ちなみに、二〇一七年の総選挙を見ると、ノルウェー全土で四四三八人が立候補し、うち四二％が女性だ。主要政党の候補者に占める女性の割合（図表7）は、見ての通り進歩党ですら三五％にのぼる。

政党は候補者を決めるとき、候補者の数を男女半々にする。数を平等にするだけでなく、上から順に男女交互に並べるので、一番が男性なら二番はほぼ確実に女性となる。

エミリーの住むヘードマルク県中央党を例にとる。

候補者リストのトップは党首で男性のトリュグヴェ・マグヌス・スラグスヴォル・ヴェーダだ。すると二番目は女性でなければならない。一般論だが、青年部代表を上位に載せることも戦略上重要視される。だから「青年部代表の女性」は上位に登載される確率が非常に高くなる。こうして、女子大生エミリーはナンバー2になった。

図表7　主要政党の国会議員候補に占める女性の割合

左派社会党	54%
緑の党	52%
自由党	51%
中央党	51%
労働党	50%
保守党	50%
キリスト教民主党	46%
進歩党	35%

比例代表制選挙の候補者は、日本の小選挙区制の候補に比べると、忙しさの質が全く違う。日本では自分自身の名前と顔を売り込むのに忙殺される日常が普通だが、ノルウェーの候補者は党の政策や価値観を広めるという党務で忙しい。

ヘードマルク県の中央党トップは中央党の党首だから、全国版のメディア対応や、党首討論会、全国遊説に時間をとられて、自分の選挙区を回る時間がほとんどない。そのため、彼と同じ選挙区で、リスト二番目のエミリー・エンガー・メールが、もっぱら選挙区の党の顔になる。
二〇一七年八月三一日、ヘードマルク県ハーマル市にあるストールハーマル高校の政党間討論会に彼女がやってきた。ギンガムチェックのシャツにジーンズ姿で、たった一人で現れるなり、一人でテーブルセッティングをし、選挙グッズを並べ、討論会で座る場所をチェックした。
討論会を終えたばかりの彼女をつかまえた。

私　政治家になろうと思ったのはどんな動機からですか。

エミリー　アメリカのミシガンに留学していました。学業だけでなく、政治的活動や社会的運動にかかわっているアメリカの大学生を見て、私も社会的なことをしたいと思ったのです。

私　でも、なぜ中央党（農林業者の権利を代弁する政党）なのですか。

エミリー　中央集権に反対だからです。住んでいる人々に遠いところで、その人々にかかわる大事なことを決めるのは民主主義ではない。それを長年、強く主張している政党、それが中央党です。

私　中央党から声がかかったのですか。

エミリー　いいえ。アメリカから帰国後、自分の家のあるヘードマルク県の中央党青年部にメールしました。それで政治活動をするようになりました。

フロアの質問に答えるエミリー(左から3人目)
(2017年8月31日　ストールハマール高校)

私　これまでの政治活動は。

エミリー　私はヘードマルク県中央党青年部副代表ですから、政治活動家です。選挙前には中央党政策委員会委員もしていました。それに私はヘードマルク県の県会議員です(大学生の県会議員は珍しくない。地方議員は仕事や学業をしながらの無給のボランティアだ)。

私　国会議員になって何を一番したいですか。

エミリー　地方の民主主義を強くするために、現政権が進める市の合併政策に反対していきたい。あなたもご存知の、オーモット市長オーレ・G・ナルードからいろいろ教えてもらっています。それに、地方を活性化するために道路の整備を、が念願です。

首都オスロで支持が伸びている「緑の党」の若者に会った。

ノルウェーでは、小中学生が授業で選挙事務所へ調査に出かけるし、選挙権も被選挙権も一八歳からだから、高校

フルダ・ホルトヴェット（2017年9月11日
緑の党「夜鍋パーティ」にて）

三年生なら国会にも地方議会にも立候補できる。

二〇一七年九月のある日、私は親友の孫にあたる高校三年生エッラ・フレドハイムから「クラスメートが国会議員に立候補しています」とのメールをもらった。

オスロ選挙区の緑の党から立候補したフルダ・ホルトヴェット（写真）。一九九九年生まれの一八歳。オスロ市のビューデル・ノードル・アケル区に住む。

一八歳の高校生が国会議員候補リスト四番目に登載されたことについて、同級生のエッラは私に言う。

「フルダには、説得力があるので、緑の党支持者が増えている気がします。私も、前は別の政党を支持していたのですが、スクール・エレクションで彼女の演説を聞いて、緑の党に変えました」

伝統あるオスロ・カテドラル高校の高校生フルダは、緑の党青年部員でもある。青年部を通して環境保護活動を続ける中で、こう確信するようになったと私に言う。

「世界が地球温暖化にさらされています。環境問題は最優先政策課題です。他のすべての政策はこの次に置かれるべきである、という考えに至ったのです」

国会議員選挙に立候補して以来、地球環境保護運動と学業との両立が難しくなって、最近、自主退学した。だから私が取材したときは、正確には元高校生だ。高校教員だった私は、つい〝親御さんの心配〟が頭によぎって、「ご両親は、あなたの決意をどう受け止めたの？　反対しなかった？」と尋ねた。

「家族の反対ですか？　全くありませんよ。私を信頼しているからだと思います。ただ私は高校を卒業したいので、どんなことがあろうとも検定試験を受けて卒業資格を取得するつもりです」

オスロ選挙区は定数一九。緑の党は、国会議員候補者リストに二四人の候補者名を載せた。フルダは四番目。「高校生国会議員誕生か」と噂された。というのも緑の党は、オスロ市ではかなりの人気で、二〇一五年地方選挙で大躍進。労働党、保守党に次ぐ第三党に躍り出た。以来、緑の党は、労働党・左派社会党と赤リーグを組み、オスロ市政の与党の一角を占める。

それに、政党は全国で四％をとると、「平等化議席制度」の恩恵を受ける可能性もある。国会の一六九議席のうち、選挙区の比例代表制で決まるのは一五〇議席。残る一九議席は、その選挙区で議席を出せなかった政党に回すためにある。この少数政党救出策については二二四頁に述べる。

そんな情勢もあって、世論調査では、オスロ緑の党は一人の当選は確実で、ひょっとしたら二人当選するかもと言われていた。二人当選なら、それぞれに一人ずつ代理議員がつくので、四番目のフルダ・ホルトヴェットは代理議員となる。

代理議員も政党中心の比例代表制ならではの制度なので、ちょっと説明する。

ノルウェーでは、権力の集中を防ぐという観点から、大臣と国会議員の兼職が禁じられている。だから国会議員が閣僚に任命されると、その空いた国会議員の職を代理議員が担う。また、病欠や育休などで休暇に入る場合も、代理議員がただちにその職務を代行する。死亡した場合も、補欠選挙制度がないので、代理議員がそのポストに就く。こうしたピンチヒッター議員として、同じ選挙区の同じ政党の次点候補が常に控えているのである。

二〇一七年六月、総選挙の三か月前、緑の党スポークスパーソン（緑の党は党首をこう呼ぶ）のウーナ・アイナ・バストーム（三一歳）は、妊娠していることを明らかにした。オスロ緑の党のリスト一番である彼女が国会議員となるのは確実だ。

九月の総選挙で、緑の党は票が伸びず、このおなかの大きいウーナしか当選しなかった。一二月出産予定の彼女は、ただちに育児休業に入ったため、リスト二番目のペール・エスペン・ストクネス（男性）が代理議員になった。

というわけで、リスト四番目のフルダは、代理議員の芽も断たれた。結果が判明した投票日の夜、彼女は私に言った。

「これまでと同じように、緑の党の事務局で働きながら環境運動を精一杯がんばります。同時に高校の勉強も続けます」（追記：二〇一九年の統一地方選でフルダは市議に立候補。現在オスロ市議）

第二章

「首相の決闘」をＴＶ観戦

TV討論会でどの政党党首の発言がよかったか各紙が点数をつけて即公表（VG　2017年9月8日）

一　最も大事なのは討論

選挙に関して、日本とノルウェーではいろいろな違いがあるが、最大の違いは政党間のディベート（討論）の多さだろう。それが最も顕著に感じられるのは、テレビ番組である。

もし日本で、このようなディベートが普通に行われる風習があるならば、おそらくモリカケ事件や桜を見る会事件などが起きないだろうし、もしこんなお粗末な事件が発覚したら、政権は一夜にしてぶっ飛んでしまうだろう。

では、ノルウェーのお茶の間でテレビを見てみよう。

総選挙の投票を二週間後に控えた二〇一七年八月二九日のテレビは、題して「首相の決闘」。現首相アーナ・ソールバルグ（保守党党首）と、首相を狙う元外相ヨーナス・ストーレ（労働党党首）の論争がテレビで繰り広げられた。

次の首相にふさわしいのは、保守党のアーナか、労働党のヨーナスか。政策から私生活まで多彩な話題が一時間半も続いた。

目を引いたのは、二人の討論が行われている場所だ。首都オスロではなく、北緯六九度四〇分の北極圏の町トロムソからの中継だった。七万四〇〇〇人が住み、市長は労働党の女性だ。労働

I Tromsø bibliotek har vi samlet et
tverrsnitt av Nord-Norges befolkning.
トロムソ図書館で党首討論会（NRKのTV中継画面を撮影）

党を中心に赤党と左派社会党の三党の連立で与党を組む赤色（中道左派）都市だ。

討論会場はトロムソ市自慢の図書館で、ガラス造りの吹き抜けの豪華な建築物だ。市民が大勢詰めかけ、立ち見客も数えきれないほど出た（写真）。

首都オスロの人たちと北極圏トロムソの人たちでは、話す言葉が違う。ノルウェーには大きくわけて四つの方言があって、北部の人の北部なまりは、アクセントだけでなく単語自体が違う場合もある。その上トロムソには、先住民サーミが多く住んでいてサーミ語を話す人もいる。サーミ語はノルウェー語とは全く異なり、外国語と言っていい。

さてテレビ決闘だが、労働党党首ヨーナス・ストーレは、移民・統合大臣シルヴィ・リストハウグ（進歩党）の差別・分断をあおる言動を強く批判して、任命責任者である首相に先制パンチをくらわせた。

市民から首相候補二人への質問には、漁業問題に加えて、トランプ大統領をどう思うかや、「僕は二〇年間、薬物中毒でした。治って病院から地域に戻ったけれど、まわりに相談に乗ってくれる人がいません。あなたならどうしますか」という問いもあった。

こんな調子で、ノルウェーの家庭は、毎晩九時半になると、NRK（日本のNHK）で選挙ディベート・シリーズを観ることになるのだから、政党もうかうかできない。

翌八月三〇日夜のNRKの選挙ディベート・シリーズは、「石油・ガス問題と環境問題」だった。生放送の舞台は、ヌーラン県選挙区。はるか遠いロフォーテン諸島の港町ヘニングスヴァール。漁師が使っていた倉庫のような、天井の低い木造の薄暗い建物だ。バックには壮大な山とフィヨルドが広がる。漁業問題と石油問題がぶつかる土地だから、その日の討論テーマにふさわしい場所なのだという。

メインゲストは、現政権の気候・環境大臣（保守党）、野党緑の党スポークスパーソン、野党労働党の環境問題担当の三人だ。首都オスロで活躍するこの三人に加えて、中継地であるヌーラン選挙区の中央党、左派社会党、進歩党の候補者も招かれた。

ヌーラン県選挙区の国会議員定数は九人で、これまで、労働党、保守党、進歩党、中央党の四党が議員を出している。その四党に緑の党と左派社会党を加えた六党の候補者が、ロフォーテン諸島の小さな港町に顔をそろえたことになる。多様な政党の代表がそろうことによって、多彩な

ベルゲンの大学で政党青年部の討論会（NRKのTV中継画面を撮影）

角度から石油・ガス問題と環境問題を議論し合える。これも比例代表制選挙だからできることだ。

暗くてよく見えないが、市民も大勢参加している。緑の党は、地球環境保護のため新油田開発に猛反対だ。緑の党の支持者はオスロ近辺には多いが、こうした極北にはほとんどいない。一方、大政党である保守党と労働党は、さらなる油田採掘の振興を支持。保守党は「経済繁栄」、労働党は「雇用確保」が理由だ。緑の党に加えて左派社会党、中央党など左派の小政党も、新油田開発には強く反対する。今の労働党は、ミニ政党と組まないと、政権をとれないようだ。

四日後が投票日という九月七日午後、何気なくテレビをつけたら、エルブルム高校の政党討論会（八月二五日）のパネリストだった自由党代表が画面に出てきた。

テレビ番組紹介には、「二〇一七選挙。政党青年部討論会。九月七日午後一時から二時半。ＮＲＫ。あなたは、今回が初めての投票ですか？　どの政党に投票したらいいかまだ決まりませんか？　そんなあなた、この番組は政党青年部が集まって、重要なテーマをとりあげての論争を若者に提供します」とある。若者向け選挙番組だった。パネリストは、青年部代表九人。赤党、左派社会党、緑の党、労働党、中央党、キリスト教民主党、自由党、保守党、進歩党と、左から右へ、最も左に属する党から最も右のイデオロギーを持つ党にほぼ沿って並んでいる。エルブルム高校のときと全く同じだ（一〇七頁写真）。

ノルウェー第二の都市ベルゲンにあるビジネス大学のホールからの生放送だ。口角泡を飛ばす勢いの白熱討論に加えて、政策の賛否をウチワのようなプラカード「ハイ」「イイエ」をあげて示すクエスチョン・タイムも多い（一三七頁写真）。合間に映されるフロアを見ると、ぎっしりと学生が座っている。スクール・エレクションの全国版といった趣だ。

二　全党首を克明に採点して公表するメディア

政治ジャーナリストの第一人者であるＮＲＫのリーラ・スルフスビークに、ノルウェーの「選挙とメディア」について聞いた（二〇一九年八月二三日）。

「選挙が近づくと、夜七時、九時のニュース番組にも、選挙や政治のニュースが増えてきます。

NRKはじめ大手報道機関は定期的に、それぞれ独自に選挙の世論調査をしますが、その結果と分析がニュースになります。それに加えて、選挙の特別番組が多数組まれます。

英語で『フォーク・ミーティング』と呼ばれる選挙特番を見たことありますか。ノルウェーのあちこちの地方で、有権者をまじえた大規模の討論会をして、それを生放送で全国に流すのです。たとえば、極北の地トロムソで、政治家とトロムソの住民が参加して、トロムソの地域で今、問題になっている政治課題を討論するのです。ホットな政治トピックだけでなく、その土地ならではの諸問題を選挙にからめて討論もされます。

『多すぎるのではないか』とNRK内で議論になるほどいろいろな企画が用意されます。選挙や政治について、毎日、毎日、異なったテーマを異なった視点から流すのです」

私は、滞在中、テレビで党首討論会を何回か見た。それもリーラ・スルフスビークによると、こうだ。

「八月初めから、九月の投票日直前まで、国会議員を出している九つの政党の党首全員をオスロのNRKスタジオに招いて党首討論会を何回か行います。それが毎回テレビ放映されます。投票日に近づくにつれて市民の関心は高くなります。投票日は、ノルウェーでは月曜日（地方によっては日曜も加わる）ですので、直前の金曜日の党首討論会での発言は非常に注目されます。

党首討論会の終了後、毎回、政治ジャーナリストや専門家は、全党首に成績をつけ、その得点がメディアでただちに公表されます。政党支持とは別に、党首討論会で党首が悪い成績をつけられると、その党の支持は落ちます。とくに最後の党首討論会での成績は影響力絶大です」

それとは別に、国会議員を出している九政党の党首が一人ずつNRKスタジオに招かれて、質問に答える番組「党首に聞く」もある。党首対政治ジャーナリストが一対一でひざをつき合わせて、しかも三〇分間と長いから、党首の政策への態度ばかりでなく、過去の発言との矛盾の有無や、話す力量、性格、家事育児の様子など私生活まで視聴者にはわかってしまう。

NRKのウェブサイトにある「ヴァルゴマート（Valgomat）」も評判だ。「選挙」と「オートマティック」を合わせた造語で、「選挙マシーン」という意味だ。この選挙プロジェクトは、自身の考えがどの政党に近いかのヒントを与えてくれる優れものだ。NRKのホームページで「ヴァルゴマート」をクリックすると、政治論争のテーマがクイズ形式で次々に出てきて、それに賛成、やや賛成、意見なし、やや反対、反対の五択からひとつ選ぶようになっている。二〇一七年のテーマは二四あった。ケアセンターの民営化（この国のケアセンターはほとんどが公立）、小学生の成績表（小学校では成績をつけない）、移民の子どもの住まい（親が違法移民だったら……）などなど、楽しみながら順番に印をつけていくと、最後に「あなたの考えに最も近い党はこれです」という答えが出て、その政党の党首が現れる。「あら、私の考えを実行してくれる政党は〇〇党だ」となるのである。

ゲーム感覚で楽しめるので、初めて投票する人にはピッタリだ。

私もやってみたら「あなたはキリスト教民主党に近いです」と出て笑ってしまった。NRKだけでなく、大手新聞社などメディアは、それぞれ独自の「ヴァルゴマート」がある。

公園に設けられた事前投票所。長蛇の列(2017年8月)

リーラ・スルフスビークが言うには、

「ヴァルゴマートですが、NRKは準備に準備を重ねてつくります。何か月もかかる大変な作業です。質問づくりには、すべての政党の公約や過去の政策、すべての地方の特徴、すべての政治的動きを入念に調べなければならないのです。準備には数人が専任で取り組みます。ですが、どんなにがんばっても、いつも政党からクレームがきます」

ノルウェーの国政選挙が三日を残すだけとなった。オスロの路上には「事前投票所は、こちら」という矢印付きの立て看板が目立ってきた。事前投票所には長い列ができた(写真)。

空を見上げると、ビルとビルの間に張られたロープに白い布が延々とはためいている。まるでナポリの街のようだ。白布一枚が一政党で、「あなたの一票を使え」と多言語で訴えている(一四二頁写真)。

世論調査によると、青色の保守中道政権の継続か、赤色

「あなたの1票を使え」が空にたなびく（2017年8月）

の左派中道政権に変わるのか、予断を許さない。新聞の見開き面には、「大接戦（Uavgjort）」の大見出しが躍る（一三三頁写真）。

国会一六九議席の色分けを決めるカギは少数派政党のようだ。

青リーグが保守党・進歩党の二党連立なら七十数人。閣外協力をしているキリスト教民主党・自由党を含めると八五人前後。すると過半数となって現政権の続投だ。ただし、キリスト教民主党は、難民に厳しい進歩党とは絶対組まないと公言しているので、これが不安定要素だ。対する赤リーグは、労働党・中央党・左派社会党の三党では七五人前後となって過半数には遠い。しかし、緑の党が躍進して、これに加わると八〇議席を超える。もうひとつ、進歩党とは組まないと公言しているキリスト教民主党が、赤リーグにはいるシナリオもある。

報道のヒートアップに応じて、有権者も熱くなる。「いつもの政党はやめて、今回はミニ政党に入れようかな」「選挙権を持って以来、労働党だったけど、今回は心変わり」と友人たちは言う。

お菓子会社もヒートアップに一役買う。夕食の買い物に行った近所のスーパーマーケットで、子どもたちの好きなグミのお菓子を見つけた。ところがいつものパッケージと違って「期間限定商品」とある。青い袋と赤い袋があって、どちらにも、「二〇一七年選挙　あなたはどちらに投票する？」。青い袋は右派リーグ、赤い袋は左派リーグのことで、袋の裏面にこんな説明もある。

「ラバン（お菓子の名）のホームページから、どちらが好きか投票してください。その中から毎週一人に、ラバンからお菓子のセットをプレゼントします。ただし一八歳以上」

比例代表選挙国ならではのお菓子だと思って、小選挙区制のわが日本へのお土産に二セットを買った（写真）。

スーパーで販売するお菓子も選挙モードに

第三章
女性が最も住みやすい町

ヨーロッパ最北端の町ヴァドソーの市庁舎（2011年2月）

一　自治体男女平等指数で全国一は極北の町

二〇一一年、ノルウェーでもとりわけ男女平等が一番進んだ町、つまり女性が最も住みやすい町はどこだろうと調べてみた。すると、首都オスロでも、観光都市ベルゲンでも、古都トロンハイムでもなくて、なんと、最北の町フィンマルク県ヴァドソー市だった。日本ならさしずめ、北海道の稚内市か根室市といったところ。

ひるがえって日本。わがふるさとの秋田は日本の代表的過疎地である。最低賃金は全国平均を大幅に下回る六五四円。二〇一二年の衆院選を通じて私が垣間見た厳しい暮らしぶりが、今でも目に焼きついている。

このような方たちを救済するのが、民主主義政治の役目のはずだ。日本の疲弊した地方の町や村に思いを馳せつつ、ノルウェー極北の政治・選挙を紹介する(1)。

訪ねた地は北緯七〇度四分、そこから先は北極海というヨーロッパ最北端の町。季節は二月。この厳寒の地に住む人々が、「私たちは快適だ」と言うなら、そこには政治的な仕掛けがあるに違いない。

幸運なことに、めざすフィンマルク県ヴァドソーには、長年の友人でＮＲＫ勤務のベンテ・

シェルヴァンが、フィンマルク支局に転勤したばかりだった。二〇一一年の正月に「行きたい」とメールを出したら、「今日は零下二八度よ」と返事がきた。

私はすぐ、新宿の山岳ウェア専門店に行った。北緯七〇度四分の北極圏を旅すると言うと、ヒマラヤのトレッキングにも使えるフード付きダウンコートとダウンパンツを勧められた。使い捨てカイロをスーツケースに詰め込んで、成田空港を旅立った。

二〇一一年二月二〇日夜七時、オスロ空港着。翌朝、空港のカウンターで「ヴァドソーまでの航空券を」と言ったら、職員がニコニコ顔で、「オーロラ観光ですよね。楽しいご旅行を」。

午後二時すぎに最終地ヴァドソーに着いた。ロビーに長椅子が一台あるだけの空港だった。タクシーに乗り込み友人宅へ。午後三時前なのに暗い。かの偉大な探検家ロアール・アムンセンが一九二九年、北極横断に使った飛行船ノルゲ号の繋留塔のそばを通ったはずだが、吹雪で見えない。

あゝ、本当に最果ての地に来てしまった。妙に興奮して、その夜はほとんど眠れなかった。

翌朝、ヴァドソー市役所を探した。

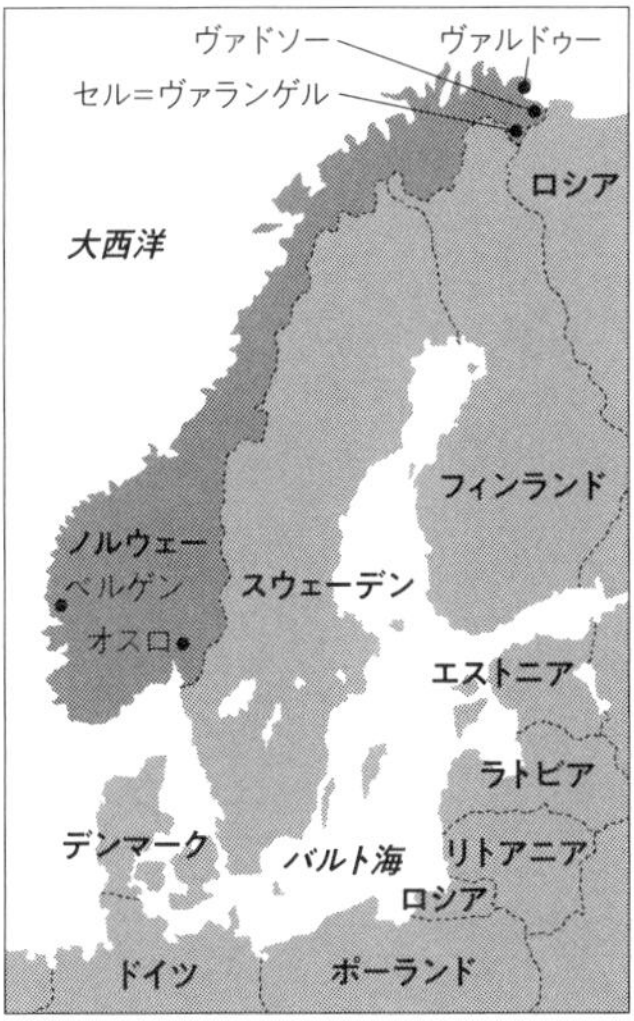

ヴァドソーの位置

図表8　ノルウェー自治体の男女平等指数とは

ヴァドソー市が男女平等度でトップであることは、ノルウェー統計局の「自治体の男女平等指数」による。1999年から毎年、自治体（日本の市町村にあたる）の男女平等度を12項目で比較している。

1	1歳から5歳までの子どもの保育園への入園率
2	市議会における女性の割合
3	高等教育を受けた女性と男性の割合
4	就業している女性と男性の割合
5	男女別平均年収
6	パートタイム労働についている女性と男性の割合
7	パパ・クオータ、またはその期間以上の育児休暇をとった男性の割合
8	性によるバランスがとれている産業に働く労働者の割合
9	公務員における女性の割合
10	私企業における女性の割合
11	管理職に占める女性の割合
12	性に偏らない教育科目を選択している高校生の割合

経験したことのない地吹雪の中、友人から教わったように「後ろ向き歩行」をした。しばらく行くと、道路の先に市のシンボルである巨大なトナカイの彫像が見えた。そこが市役所前だった（一四五頁写真）。

受付で「男女平等政策について取材したい」と申し込んだら、午後なら担当者がいるとのこと。午後二時三〇分、再訪。市政ナンバー2のマリッタ・スカンシェンが待っていた。市政のトップは日本なら市長だが、ノルウェーでは、比例代表制選挙で選ばれた議員の中から互選される政治家の市長とは別に行政機関のトップに事務総長がいて、市政は市長との二人三脚で運営される。マリッタは副事務総長、日本なら助役である。

マリッタ　ヴァドソー市にようこそ。うちが

マリッタ副事務総長(左)、市長、女性2人は部長

「自治体の男女平等指数」第一位になったことは、新聞で知りました。昔から漁業中心のこの町は、男たちが海に出ていましたから、女たちが家や地域のすべてを担ってきた。だからでしょうね。

私　日本にも漁業の町はたくさんありますが、女性の力が社会的に強いとは言えません。

マリッタ　ノルウェーも、劇的に変化したのは一九七〇年代ですよ。国の政策が変わったのです。ここの働く環境が女性に適しているのでしょう。保健、医療、学校などの職場に女性が目立ちます。今のヴァドソー市役所は、たまたま市長と事務総長は男性ですが、副事務総長の私は女性、その下の部長クラスもぜーんぶ女性です。彼女たちを紹介しますね(写真)。

私　公的サービスの充実で、公務員の職場が充実して、そこに女性が進出してきたということですか。

マリッタ　そうです。公務員の男女賃金格差はありませんから、必然的に女性の立場が上がった。統計で、ヴァドソー市民の年間平均収入を見ると、男性三四万五四〇〇クローネ、女性二九万三六〇〇クローネで、格差〇・八五。オスロは男性四六万三八〇〇クローネ、女性三一万八八〇〇クローネで、格差〇・六八です。

私　賃金格差の解消はどうやって？

マリッタ　育児休業や病欠は女性がやや長く取りますが、それによる賃金差別は厳禁です。当局と労働組合で賃金交渉をしますが、賃金差別を禁止する厳しい法律と、強い労働組合が格差を許さないのです。

私　ノルウェーは労働組合の組織率が高く、労働組合が強いとはうらやましい。女性が働く背景には、きっと保育園の充実もありますね。男女平等指数の調査項目でも、保育園が一番目に掲げられています。

マリッタ　その通り。私が小さな子どもを育てていた頃は、保育園への入所待ちは一年間以上でした。今は、一歳以上の子どもは、親が希望したら誰でもすぐ入れます。だから若いカップルがここに住みたくなるのです。

私　若い女性にとってオスロやベルゲンなどより、極北の町のほうが魅力的だなんて不思議ですね。

マリッタ　私は、ここヴァドソーの出身ですが、一〇年間ベルゲンで働きました。子どもが生まれたあと、両親の住む故郷に戻ったほうが子育てにはいいと思って調べたら、ヴァドソーには、県庁、市役所、弁護士事務所、研究所、大学など高学歴女性に魅力的な仕事場があることがわかりました。オスロやベルゲンは仕事も多いけれど、応募者の競争も激しい。五〇代になってやっと就ける管理的・挑戦的仕事を、ここなら二〇代、三〇代で経験できるのです。

私　日本の地方では、大卒女性の就職先は非常に厳しいです。

マリッタ　ここも以前はそうでした。女性だって、チャレンジングな責任ある仕事につきたいものです。そういう女性を登用する政策が積極的に打ち出されたからこそ、Uターン現象が起きたのです。

ヴァドソー市議会は、四〇%が女性議員である。

日本の地方議会の女性議員は、都道府県議会で平均八%、市区町村議会なら一一%。たとえば、福島第一原発のある双葉町議会は女性ゼロ、大熊町議会はたった一人。日本全体を眺めると、いまだに女性議員がいない「女性ゼロ議会」は、市区町村のおよそ四分の一から五分の一にも上る（二〇一一年当時）。

「男女ほぼ半数の議会風景」を撮影したいと思って、再び市役所の受付の女性に頼んだが、議会は閉会中だという。落胆して受付横のソファーにへたりこんでいると、受付職員が「どちらから？」。日本から来たというと私をまじまじと見て、すぐにあちこち電話をかけてくれているようだった。しばらくして、次のような取材先を探してくれた。

「今すぐ、ＮＡＶ（労働と福祉サービスセンター。ハローワークみたいな所）という大きな赤いマークのついたビルの二階に行って。イノーベイション・ノルウェーという会社があります。取締役会が開かれています。あなたの取材にピッタリですよ」

二　政界も経済界も男女半々へ

イノーベイション・ノルウェーは、ノルウェー観光局、ノルウェー貿易機構、ノルウェー地域産業振興ファンドなどが統合されて、二〇〇四年にできた。公的補助金や特許に関する情報の提供、合併や提携の指導、外国進出の援助などをする国営コンサルティング会社で、社員七〇〇人。本社はオスロ。国内全県と海外三〇か国にオフィスがある。各オフィスの独立性は高くて、それぞれに取締役がいる。

私は、凍った道路に何度も足をとられながらＮＡＶの赤いマークをめざして走った。

中に入ると、取締役一二人が大きな楕円型テーブルを囲んでいて、六人が女性である（一五三頁写真）。サーモン工場をフィンマルクに新設したいという企業に、どんな支援ができるかが議題

会社の取締役会議。男女6人ずつの12人

だった。イノーベイション・ノルウェー社の最重点方針のひとつは、産業界に女性を活かすことだと言う。

「たとえば、相談にきた会社で、幹部の女性が四〇%以下だったとします。われわれは、『あなたの会社への評価は低い』と、はっきり言います。中には女性だけ、男性だけの企業や団体があります。その場合には支援は難しいことを知ってもらいます」と、特別相談役のトルルス・ヘルランドは説明する。

「ノルウェーのような小国が、どうしたら他国との競争に勝てるか。国中で考えに考えた末、『女性の力を発揮させること』こそが重要だと気がついた。ノルウェーの知力の半分を担う女性の力が埋もれたままでは未来はないとわかったのです。もう二五年以上前の話ですけれど」

ノルウェーは、アファーマティブ・アクション（社会的に不利な立場にある人を積極的に救済する制度）の国である。

最北のフィンマルク県の企業には、一九九〇年から「特別産業ゾーン法」に基づく恩恵がある。給与税、電気消費税、建築投資税がかからない。そして県の住民には、所得税の免税措置、子ども手当増額、学生ローン返却減額措置、住宅ローンや住宅改築費での優遇措置などもある（http://www.finnmark.no/）。

イノーベイション・ノルウェー社の社長スタイン・マッテシェンは言う。

「ここに企業が進出したら確実に得をする、必ず儲かるように手が打たれているのですよ」

その上で、ノルウェーには、女性へのアファーマティブ・アクションと言うべき「物ごとを決める場には男女が少なくともそれぞれ四〇％いなければならない」という、女性をあと押しするクオータ制（割り当て制）がある。

ノルウェーの選挙は、国政も地方政治も議員は比例代表制だ。政党が「リスト」と呼ばれる候補者名簿をつくって、選挙に臨む。有権者は、候補者個人ではなく政党を選ぶ。

政党が、リストをつくるにあたって初めてクオータ制を取り入れたのは、一九七〇年代初めだった。

一九七三年に民主社会党（後の左派社会党）、一九七四年には自由党、一九七五年になると左派社会党、一九八三年に最大政党の労働党、一九八九年に中央党が導入した。一九九〇年代になるとキリスト教民主党までが同調した。

こうして政党は、選挙の候補者リストの氏名をほぼ男女交互に並べるようになり、結果として国会にも地方議会にも女性議員が爆発的に増えた。たとえばノルウェー最大政党である労働党。党内にクオータ制を導入した後の初の国政選挙が一九八五年にあり、同党当選者の四二%が女性となった。

労働党のクオータ制は、党の綱領一二項の九にこう明記されている(二〇一一年現在)。

「選挙、任命において、どちらの性も五〇%でなければならない。理事会や委員会において、二で割れない場合は五〇%に近づけなければならない。国会議員、県会議員、市議会議員の選挙では、候補者の一番、二番は両性によって割り当てられなければならない」

次いで一九八八年、公的決定の場にクオータ制を導入する法律ができた。

一九七八年に制定された「男女平等法」二一条が「すべての公的委員会などに両性が少なくとも四〇%いなければならない」と改正された。それまでの「男女平等でなければならない」という表現を「四〇%いなければならない」に変えたのだ。

これで、行政機関の管理職や審議会委員に女性がどっと進出した。象徴的なのは内閣閣僚である。一九八六年、女性が大躍進を遂げた国会で、首相グロ・H・ブルントラントが〝女性四〇%内閣〟を組閣した。以来今日まで、政権交代はあっても女性閣僚が全閣僚の四〇%を下回ったことは一度もない。

地方の政治は、男女平等法だけでなく、「地方自治法」によっても縛りを受ける。比例代表制選挙候補者リストのクオータ制は、同法三六条二項に、こう明記されている。

「四人以上が選ばれる場合、各候補者リストに登載される候補者は、それぞれ一方の性の代表が少なくとも四〇%ずついなければならない。二人または三人が選ばれる場合、両性が登載されなければならない。市議会、県議会において、法によってたった一人によって構成される場への選挙の場合、そして選挙によって選ばれるワーキング委員会の選挙の場合においても、この規則はできるだけ守られなければならない」

選挙結果を受けて当選者を政党に配分するときにもクオータ制が発揮される。三七条三項に、こう明記されている。

「四人以上が当選となるリストで、一方の性が四〇%以下しかない場合、または、二人または三人が当選となるリストで一方の性しかいない場合、両性のバランスをとるために、できうる限り、少ないほうの性の候補者を上にあげる」

こうしてノルウェー政治に女性が増えた。だが、経済界はあいかわらず男の牙城だったので、二〇〇〇年になると経済界もクオータ制の洗礼を受ける。二〇〇三年、会社法に次の文言が付け加えられた。世界で初めてのことだった。

「国営会社は二〇〇四年から、株式会社は二〇〇八年から、取締役会に両性が少なくとも四〇%いなければならない」（会社法六条一一a）

というわけで、国営会社であるイノーベイション・ノルウェーは、二〇〇四年の創立時から取締役の四割以上が女性である。社長のスタインは、「当初、六〇％を女性取締役にしようというのが僕の案でした。しかし十分な賛成が得られなくて、仕方なく五〇％、つまり男女半々になってしまった」と笑った。

三　「僻地」の女性も生き生きと

拙著『ノルウェーを変えた髭のノラ――男女平等社会はこうしてできた』（明石書店、二〇一〇年）に登場するベリット・オース（オスロ大学名誉教授）は、二〇〇八年に会ったとき、社会の底辺に追いやられた女性たちを八つのカテゴリに分類した。その一つが「僻地の女性」である。

「ノルウェーは南北に長くて、三分の一は北極圏です。しかも山岳が多い。都市機能から隔絶されているから、何をするにも不便です。そういう土地では、近くに教育機関も少ないから、高等教育を受けられない女性も多いでしょう。これで、夫が病気になったり亡くなったりすると、さらにブルネラブル（社会的弱者）になってしまう。こういう土地の人々を救済するには、そこに特別な光をあてる必要があるのです」

そして極北の町には、ベリットの言う「特別の光」が間違いなくあたるようになった。これも、

NRKの編集会議。女6人、男4人の10人

比例代表選挙の国だからこその民意の反映の一例である。

NRKの「フィンマルク・トロムソ地域局」に、ニュース編集委員兼レポーターのシリア・アルヴォラを訪ねた。ここではフルタイム換算二六・八人のジャーナリストが働き、そのうち一三・五人つまり半分が女性だ。

午前八時半、編集会議（写真）が始まろうとしていた。会議室の正面に大きなスクリーンがあってニュースに使う画像が写し出される。近隣の市アルタ、ハンメルフェストなどに住む記者たちも、インターネットを通して意見を述べる。必要なら、育児休業中の職員も自宅からオンラインで会議に参加する。

シリア・アルヴォラは、テレビ・ラジオニュースの最終決定権者で、日本なら「デス

高校生のとき市議になったシリア・アルヴォラ

ク」だ。フィンランド系「クヴェン」人の彼女は、中学生一人と小学生二人を持つワーキングマザー（写真）。夫はミュージシャン。

ノルウェーで少数民族と言えばサーミ人とクヴェン人である。フィンランド系民族クヴェンは一七、一八世紀に主にフィンマルクに住みつき、ヴァドソーは一八六〇年代にクヴェン人が最大多数となり、「クヴェンの首都」と呼ばれるようになった。この民族がヴァイキングの子孫と同等の国民として認知されたのは一九九六年、クヴェン語が「少数民族言語」として認知されたのは二〇〇五年。ごく最近のことなのには驚かされる。クヴェン人の歴史は少数派の権利獲得運動の歴史だ。シリアは言う。

「クヴェンはサーミと同様迫害されました。私の祖先は飢餓から逃れるために移住してきたのですが、母国語を奪われて、ノルウェー語を強制され、ありとあらゆる辛苦に耐えてきたのです」

高校時代に労働党青年部に入党し、高校三年生のときに一期だけ労働党のヴァドソー市議会議員を務めた。

「イエンスやアンニケンは、当時、労働党青年部で一緒に活動した仲間なんですよ」とシリアは言う。イエンスとは、首相イエンス・ストルテンベルグ、アンニケンは、文化大臣アンニケン・ウィトフェルト。この国では、首相も文化大臣も高校時代にすでに政党青年部の活動家だったのだ。シリアは、高校三年生のとき労働党の知人から依頼されて市議候補者リストの下位に登載された。比例代表制では、リストの上の人から順番に当選するので、当選はおぼつかなかったはずである。

シリア自身、「ずいぶん下だったので当選しないと思って、気軽に引き受けた」と言うのだが、当選した。投票で彼女への〝加点〟が多くて、リスト五位に上がってしまったのだ。

この〝加点〟については、少し説明が必要だ。

投票ブース内には政党別に投票用紙が並べられていて、投票する人は支持政党の一枚を選んで、政党名・候補者名が印刷されたほうを内側にして二つ折りにする。ブースを出たら、係が投票用紙にスタンプを押す。それを投票箱に落とす。

投票する人はそのブースの中で、候補者リストの順番を変更することができるのだ。候補名の

支持する政党の候補者リスト（投票用紙）を1枚とる。リストに印刷された候補名の□欄に×を書いて加点を与えることができる

左にある□欄に×印を入れて、支持政党リストの順番を変えることができる。地方選挙の場合は、さらに氏名を書く空欄が投票用紙に印刷されていて、そこに他党の候補者名を書き込むこともできる。

投票が締め切られると、選挙管理委員会が各政党の得票数に比例して当選者数を決定し、この加点を候補者得票に反映させて、当選者を決める（細かい票計算はコンピューターがする）。リストの順位を変えるには×がかなり必要なので、党の決めた候補順に当選することが多いが、地方選では変わることがある。一方国政選挙では変えることがほぼ不可能のようだ。

つまり、「シリア・アルヴォラ」に×印をつけた労働党支持者や、「シリア・アルヴォラ」と書いた労働党以外の人がたくさんいたので、順位が上がってシリアが当選してしまった。

こうして、少数民族の女子高生シリアは、生徒会長になるかのごとく市議会議員になってしまった。

四　一八歳の女子高生がオスロ市議に

その年（二〇一一年）の秋、ノルウェー地方選で「オスロ市議会選挙で一八歳の女子高校生が当選」という仰天ニュースが飛び込んできた。

オスロ市は日本流に言えばオスロ都なので、オスロ市議とは都議のことだ。私はいったん帰国していたが、再びノルウェーに飛び、投票日の夜、オスロで、労働党の「夜鍋パーティ（Valgvake）」と呼ばれる集会にもぐりこんだ。

どの政党も投票日の夜は、大きな会場を貸し切ってのパーティとなる。選挙運動のフィナーレを飾る恒例行事だ。大型スクリーンに映される選挙速報を見ては、老若男女が抱き合って喜んだり、落胆したり。閣僚だった著名人も高校生も上下関係は全くなし。〝選挙戦を戦った仲間〟として夜遅くまで（ときには翌朝まで）一喜一憂する。最大の関心事は、支持政党が前回と比較して何％伸びたかだ。

対して、日本の投票日の夜の風景は、第一章の映画『選挙』で見たが、神棚を前に万歳三唱し

オスロ市議会議員に当選した高校3年生プラブリーン・カウ

て謝辞を述べる当選者の事務所と、片や「不徳の致すところ」と頭を下げる落選者の事務所……。

話題の女子高生を探した。

彼女は、大勢のジャーナリストに囲まれてもみくちゃ状態で、そばに近づけない。人ごみをかき分けて写真撮影はできたが、コメントはとれなかった。

翌々日の報道によると、彼女の名はプラブリーン・カウ（写真）。一九九三年生まれ。オスロ市議会史上最年少の当選者だった。父親は、インドのパンジャーブ地方出身で、オスロでタクシー運転手をしている。

彼女の頭を覆う黒いターバンについて、「私はシーク教徒です。シーク教徒の男性はターバンが義務。小学生の頃、男女平等が大事だと思った私は、ターバンをすることにしました。以来ずっとターバンです」と答えている。

オスロ市は、労働党の得票率から二〇番の候補者まで当選と決まったが、彼女はリストの二三番目だった。ところが、彼女の名前の横に×をつけた人が多く、〝加点〟で一一位に上がり、堂々の初当選となった。

プラブリーンが注目されたのは、オスロ市議会最年少というだけでない。世界を震撼させたウトヤの惨劇があったサマー・キャンプに参加していたのだ。彼女は一時間以上も死んだふりをし、そのあと海に飛び込んで泳ぎ続けて溺れる寸前に救出された。事件直後、その衝撃をつづった彼女のブログは国内だけでなく、翻訳されて世界中に流された。このウトヤの惨劇については一一八〜一二六頁でも書いた。

プラブリーンは、オスロ市の労働党青年部幹部。大勢の友人が目の前で倒れていった。その後、生き残った友人たちとともに、ウトヤの悪夢を「民主主義の力」で乗り越えようと選挙運動に打ち込んだ。具体的には、政党同士の政策討論会、戸別訪問、チラシ配布やネットでの広報だ。そして一か月半後に投票日を迎えた。オスロ市議会議員に当選した彼女は語った。

「やりたいことは山ほどありますが、とりわけ大事だと思っているのは、家庭内暴力（ＤＶ）の撤廃と、心の病いを持つ人たちへのケアの充実です」（http://www.dagbladet.no/2011/09/14/nyheter/innenriks/valg11/18132840/）

恐るべし、一八歳！

では高校生は、そもそも、どんな経緯で政党の公認候補になるのだろうか。日本のように、議員の父親から息子に世襲するとか、ボス政治家の一声で小泉チルドレンや小沢ガールズが誕生するとか、こういった封建的候補者選びはありえない。もしそのような人が候補予備群にいたとしても、会議の場で議論の厳しい洗礼を受ける。

ノルウェーでは、選挙期間や選挙運動にはほとんど何の規制もないのだが、候補者を決めるプロセスは厳格で、「推薦法」という法律がある。同法が制定されたのは、ノルウェーが小選挙区制から比例代表制に脱皮した一九二〇年だという。

「推薦法」には、「政党の候補者リストは、選挙区ごとに決めること」と明記されている。「これこそが行政や政党中央本部の介入を許さない重要な規約」と、オスロ大学のハンネ＝マッテ・ナールルッド政治学教授は言う。

選挙のある年になると、市ごとの党員による「推薦委員会（ノミナシオンコミテン）」で候補者リスト原簿のたたき台ができる。そのリストに青年部代表が必ず登載されるのである。

なお、「推薦法」は一九八五年から「市民代表法」に組み込まれた(2)。

NRKデスクのシリア・アルヴォラ、そしてオスロ労働党青年部副代表プラブリーン・カウという女子高生二人は、こうして市議候補となったが、そこで素晴らしいのは、選挙プロセスの「公平性」「公開性」だ。有権者から疑念を持たれるようなリストをつくったら、その政党は有権者から「フェアじゃなさそうだ」と見放される。

五　シングルマザーの酪農家セシリア・ハンセン議員

二〇一一年二月の取材に話を戻す。滞在中、ヴァドソーの隣町セル＝ヴァランゲル市で議会が開会中と聞いた。ヴァドソー市から分かれた自治体で、市の中心街は空港や港のあるキルケネスだ。

市長も事務方トップの事務総長も女性。その上、女性議員は、ヴァドソー市より多くて二五議席のうち一三議席だ。ノルウェーの四三〇市のうち、女性議員が四〇％を超えた市はすでに三分の一以上あるものの、過半数を超えたのはセル＝ヴァランゲル市を含めてわずか六％だ。多様な議会をこの目で見たかった私は、セル＝ヴァランゲル市に向かった。

ヴァドソーからは豪華客船フッティルーテン号でキルケネス港に渡る。地元民は乗合バスのように使う。その日は、ベルゲンからの日本人観光客が大勢乗っていて、オーロラを見た感激で、船内はハイ・テンションの会話に満ちていた。六泊七日の船旅だそうで、私の降りるキルケネス港が終着港だ。

ノルウェーの市議会は、テーブルが円形に並んでいる議場もあるが、セル＝ヴァランゲル市は日本によくある形で、行政幹部席が奥にあり、これに対面するように議員席が並んでいた。なる

セル=ヴァランゲル市議会。女13人に男性12人

ほど女性がとても多い（写真）。

議題は「倒産・廃業中のスドヴァランゲール鉄鋼会社の再開について」。パワーポイントで図表や写真を駆使して行政官が説明。世界の鉄鋼需要に始まって、この市への経済波及効果から環境問題に至るまでの詳しい解説があった。

議会終了後、女性議員セシリア・ハンセンが取材に応じてくれた。農民の声を代弁する「中央党」に所属する酪農家だ。中央党幹部オーレ・G・ナルードが前夜「キルケネスには元気なサーミ女性がいるよ」と教えてくれた。彼女の車で自宅へ向かう途中、今しがたの議題について聞いてみた。

「鉄鋼会社が再開されれば雇用が増えること、そして市の経済が潤うことは間違いありません。でも、環境汚染対策や、雇用者の住宅問題、子どもの保育や教育問題など、あらゆる分野から判断します。私は環境保護を重視する中央党ですから、汚染は許しません」

一帯がすべて雪に埋もれたパスヴィックという農村に着いた。

「農業という仕事を選んだ私は幸福です。食物は生きる基本だから外国に依存するなんてダメ。でも農業の発展は政治抜きにはありえません。だから農業経営者が議員となって政策に影響力を持たなくてはね。それに、政治も農業も、男性だけに任せては、ろくなことになりませんから、女性が議員になるのは、最も大事なことよ」

四〇歳。三六五日ほとんど休みなし。女手ひとつで、乳牛一七頭、雄牛一〇頭のほか鶏、豚も飼育し、年間一〇〇万クローネ（約一五〇〇万円）の売り上げ。

中学生の娘を育てるシングルマザー。酪農家の両親に雇われる形で一〇年以上働いて、二〇一〇年、農地、畜舎、機械など一切を親から買い取って農業主となった。

市議会議員は四期目で、二〇一一年九月に改選期を迎えるが、彼女が次期議員候補者リストへの登載を断ったため、中央党は代わりの人材探しに苦労している。候補者リスト提出期限は、選挙のある年（国政も地方も四年ごとなので、選挙は二年に一回やってくる）の三月三一日一二時と法律で決められている。締め切り間近だというのに、私が滞在した二〇一一年二月末から三月上旬にかけては、まだ決着がついていない。

「セシリアにもう一度出てもらいたい。セシリアしかいない」という多くの声に、いったん断っ

セシリアの朝は息つく暇もない

たものの彼女の心は揺れていた。

ノルウェーの市長は、日本のような直接選挙ではない。市議会議員選挙の結果を受けて、連立与党に入る諸政党のうち最大勢力の一位候補が市長ポストをとることが多い。比例代表制選挙なので、大政党は大政党なりに小政党は小政党なりに市議会議員のポストをとる。そしてたいていは、政策の似通った複数の政党で連立を組む。

セル＝ヴァランゲル市は伝統的に労働党が強い。現市長も労働党出身の女性だ。ところが連立相手の左派社会党が、労働党を敬遠して中央党に歩み寄った。九月以降の市議会で、中央党が左派社会党と連立を組めば中央党から市長が選出される可能性は高い。そうなると、市長第一候補は、なんとセシリアだ！

「議員ならノルマ（市議会）がひと月に一、二回ですが、市長はフルタイムです。酪農を続けるには、誰かを雇わなくてはならない。でも、すべてを任せられる人なんかいるはずがないんです」

決断のときはせまっている。「あなたを見たとき、中央党のトップが送り込んできた使者かと思ったわ。日本からの記者だとか言って私を説得するために……」と真顔で言うので、私は大笑い。

酪農の仕事はブダイエ（牛飼い）と呼ばれて、かつては女性の職業だったのに、機械化が進むにつれて男性の仕事に変わった。夫婦や家族で酪農を営む家はあるものの、セシリアのように女手ひとつで切り盛りするケースはノルウェーでもまだ珍しい。

朝六時。糞尿の処理と清掃。牛に飼料を与え、ミルクを絞る。乳牛の四つの乳頭にミルカー（搾乳機）を接続する前、セシリアは、牛の名前を呼びながら、乳頭を丁寧に拭く。何回も見回り、なでたり、軽く叩いたり、声をかけたり、と愛情いっぱいだ（一六九頁写真）。

「酪農は朝が最も大切です。市議会は午後が多いから、やってこれたのです。まれに朝の会議があるのですが、そのときは、『代理議員』に出席してもらいます」

代理議員は、「職務免除」を願い出た議員のピンチヒッターで、比例代表制選挙で同じ政党の次点だった候補者がスタンバイする（一三二頁）。酪農家のシングルマザーが議員を全うできるのも、代理議員制度があるからだ。そして、こうした代理議員制度が可能なのも、選挙が比例代表制で行われているからだ。

セシリアは、牛舎とミルクタンクの部屋を行ったり来たり。途中、携帯電話が何度か鳴る。議会の仕事だ、と私に目配せする。

「夏の二か月は、朝、ここで搾乳したら、牛を野に放すの。でも、冬はこの通り重労働よ。乾燥フードをシャベルで一頭に一二回。それを二七頭に毎日やるの。同じ動作の繰り返しだから、手首を痛めたり、指にマヒができたり。医者通いもしょっちゅうです。干し草を与える作業はもっと大変で、冬季は凍っていて、すっごく固くて、重い……私の手、触ってみて」

手のひらに固いマメが並んでいた。

夜、セシリアは私のためにサウナに薪をくべ、二人でサウナに入った。ほてった体でテラスに出た彼女は、雪の大農場に向かって大声で語りかけた。

「あ〜、この大地！　この大きなサイロと牛舎！」

サウナに入っては出て、テラスでビールをグイッとやる。零下一二度の空気が、ほてった裸の体を急速冷凍する。フィンマルクに来て初めて、私は冷たい空気の心地よさを体感した。隣りでセシリアは「零下一二度なんて、まるで夏みたい」と笑う。

「すべて自分の力で手に入れたんだ、がんばって守ろう、って思う。私は、目の前の土地と建物、かわいい牛たちを見るとき、『生きてる』って実感がわくの」

「何歳で議員になったの？」

「今七〇歳になる父親が中央党の党員でした。演説が上手で、議員もした。ある日、父の友人が、わが家を訪ねてきて『キミなら名政治家になれる。中央党の市議会議員候補リストに載せたい』と言ったの。二四歳のときでした。すごく名誉なことだと思いました。父親と一緒に、中央党の会議には小さい頃から参加していたから、政治には自然に関心を持つようになりました。党大会のときはいつも、母親も妹も一緒でしたよ」

「結婚した男性は、あなたが政治に参加することをどう思ったの」

「前夫はひどいなまけもので、結婚は大失敗。だから離婚した。娘にはまあまあの父親ですし、娘の父親は彼だけだから、これ以上は言わないけれど……立候補を夫には相談しなかったわ」

「初めて立候補したときのあなたのリストの順位は？」

「ずっと下のほう。自分の名前が初めて候補者リストに登載されるだけで、人生のすごいジャンプで、当選なんか考えてなかった。でも、友人たちが私に×印のチェックを入れたため、順番が上がって当選してしまった。それ以来、私はいつも上位。中央党からだけでなく他の政党からも加点を奪える候補者なんですよ」

「人気の秘密は？」

「選挙民はみんな、頭で仕事をする人よりも床で仕事をする人を望むんじゃないかしら。私より教育程度の高い人は多いけど、私みたいな働き者はいないし、私は小難しいことを簡潔に話せますから（笑）」

「過去にも候補者リストの一番目、つまり市長候補だったことがありましたね？」

「三期目の二〇〇三年は、中央党リストの第一番目。そのときは、私が市長になるんだという覚悟で選挙に臨みました」

「それで市長になった？」

「いいえ、中央党は保守党と連立を組んで、保守党リストの一番目が市長になって、中央党の私は副市長」

「副市長は、市長の代行役？」

「そう。市長代行でトルコに行きました。イスラム社会ですから、三〇代の女性の私を見て向こうの政治家たちは仰天。牛を何十頭も飼育している酪農主だと言ったらもっと驚きました」

サーミ人である彼女の口からは、「サーミだから」という言葉が一度も出てこない。少数先住民族への社会的差別は、少なくとも切実な問題ではなくなったことだろう。この国の平等主義は、いい線をいっているな、と思った。

六　労働組合「北の岩」を立ち上げた女性革命家

セシリア宅の玄関に、トロール（ノルウェー民話に出てくるお化けの巨人）のような大きな男性が現れた。地元紙『セル＝ヴァランゲル新聞』の記者ユングヴ・グルンヴィックが、私を取材するために、やってきたのだ。

「セル＝ヴァランゲルまで取材に来た日本人がいると聞いて……。よりによってこの寒い時期に、なぜ、こんなところに来たのですか」

「最も厳しい寒さの地で、女たちが政財界でも家庭でもハッピーに生活しているなら、この国の民主主義は本物だと思って、それを確かめるためにあえて寒いときに取材に来たんですよ」

ユングヴは、男女の就業率のメモを見せてくれた。

セル＝ヴァランゲル市の女性は七〇・二％が働いていて、これはノルウェー全体（六七％）やフィンマルク県（六七・七％）より高い。女性たちは、経済力を身につけた結果、発言力を持ったとユングヴは言う。

「小さな地方の町の女性は、都会の女性より教育を受ける機会が少ない。ひいては役所や企業などへの就業率も低い。でも、ノルウェーでは三〇年ほど前から変革が始まった。ここでは、スドヴァランゲール鉄鋼の不振の時期が、女性の職場拡大の時期と重なります」

スドヴァランゲール鉄鋼には、国中から、いや近隣の国々からも男たちが出稼ぎにやってきた。陰りが出たのは一九九〇年代初めで、一九九六年には倒産。その一九九〇年代に、育児休業期間の延長に加え、保育園や学童保育（放課後の保育サービス）などの制度が充実し、この分野の職場に進出したのが女性たちだった。

ノルウェーの労働環境法で保障されている「教育休暇の権利」が、フィンマルクの女性を大いにあと押しした。

同法には、「少なくとも三年間以上の労働経験のある人が、同じ雇用主のもとで二年間働いた被雇用者は、組織化された教育コースに通学するために、最大三年間の完全休暇または部分休暇をとる権利がある」（一二項一一）とある。

新たに教育を受けるための費用には教育ローンを活用する。二〇〇〇年には国をあげて生涯教育が奨励され、翌年には「二五歳以上の大人は、正式卒業資格の有無にかかわらず、大学またはカレッジに入学できる」という法律もできた。

「女性は勉強に熱心です。いったん社会に出た女性たちが、この制度を活用して大学に通い、資格をアップしたんです」とユングヴは教えてくれた。

ノルウェーでは、すべての人が一生を通じて何度でも教育を受けられるようになっていて、それが国全体をパワーアップさせたのは間違いない。そして、地域は衰退するどころか、栄え始めた。

「福祉や教育は社会の活力を生み出す立派な産業」だということを、この極寒の地は証明している。しかし、労働者のための福祉が天から降ってくることなどありえない。闘った人がいるはずだとユングヴに聞くと、「実は、この地に革命家と言える女性がいたんだ」。

その名はエリシフ・ヴェッセル。キルケネスの主要産業だったスドヴァランゲール鉄鋼会社に労働組合を立ち上げた女性だという(3)。

当時の巨大なカメラと等身大のエリシフ像（グレンセランド博物館）

インターネットに名を打ち込むと、肩パッドのはいったドレス姿の若い女性が現れた。一八六六年生まれ、一九四九年没の写真家だった。

彼女の業績が展示されているというグレンセランド博物館に出向いた。彼女の撮影した白黒写真が公開されていた。木の枝でつくった粗末な小屋の前に立つサーミ家族、ボロをまとった四人の子どもと垢で薄黒く汚れた顔の親、歯のかけたサーミの男性、子どもを抱えて笑うサーミの母親、雪の山をトナカイぞりで荷を運ぶサーミ人、魚の網を修繕するサーミ家族、台所で煮物をしながら繕いものをするサーミ女性、鉱山で働くサーミ労働者たち……。

ノルウェー南部の裕福な家庭に生まれ育ったエリシフは、医師アンドレアス・ヴェッセルと結婚。地域保健医としてキルケネスに赴任し、往診に出歩く夫に同行し、貧しいサーミ人たちの暮らしを目の当たりにした。

飢え、寒さ、栄養失調、病気に喘ぎ苦しむ人々を支援できないものか。何度も当局に掛け合ったが、「話が大げさだ」と言われるだけで、取り合ってもらえない。

そこで彼女は募金活動を始める。募金するときの説得の資料として、サーミ人たちの暮らしぶりをカメラに納めた、その作品は一〇〇年以上たった今日でも、世界各地で展覧されている。スドヴァランゲール鉄鋼会社の生産が始まった二〇世紀初め、彼女は労働組合「北の岩」を結成。ありとあらゆる妨害にあって、艱難辛苦《かんなんしんく》の連続だった。労働組合の初めての集会は、自宅でもある医院の片隅を使い、彼女は組合の書記長と会計を買って出た。

王制もキリスト教も否定する筋金入りの平等主義者で、生誕から一四五年経た今も、人々の記憶に生き続けている。毎年五月一日のメーデーの日は、エリシフの墓に必ず労働組合から花がたむけられるそうだ。

【注】

（1）本章は、二〇一一年度「週刊金曜日　ルポルタージュ大賞」佳作入選作品（大賞・優秀賞該当作品なし）を大幅に書きなおしたもの。

（2）Henry Valen and Hanne Marthe Narud *Professionalization, Political Representation and Geography*, Institute for Social Research, Oslo 1998.

（3）https://nbl.snl.no/Ellisif_Wessel

第四章

むかし魔女　いま市長

現職（左）を破って初の女性市長誕生（2011年9月）

一　先住民サーミの土地の魔女裁判

「フィンマルク」は、サーミを表す「フィン」に、森林を表す「マルク」が合わさった言葉。ここ「サーミの森」はもともと先住民サーミの土地なのだ。ヴァドソーで取材した人たちの多くは一様に、「昔このあたりで、すさまじい魔女狩りがあった。サーミ人が魔女にでっちあげられた」と語る。ヴァドソーから二時間のドライブで、魔女裁判があったヴァルドゥーという町に行けると言う。

運よくNRKの記者クート・サンドヴィークが、ヴァルドゥーに車で行くというので乗せてもらった。

道のり約八〇キロ、フィヨルドに沿った国道E75をひたすら北東へ進むと、キーベルグという集落に。第二次世界大戦でパルチザンがナチスドイツと死闘を繰り広げた村だという。戦後の冷戦時代には、親ソ派の土地という意味で「リトル・モスクワ」の烙印を押されて、パルチザン闘士も一九八〇年代までは冷ややかな目で見られていたとか。

さらに北東に向かうと車のハンドルがとられるほど風が強まり、やがて灌木も消えて、バレンツ海からそそり立つ薄黒い巨大な崖が迫ってきた。荒涼とした岩棚に出たところで、車を止めてクートが言う。

「このあたりはドーメンと呼ばれる高地で、山には魔女や悪魔が住むとか、魔女が箒に乗って集まってくるとか、そういった迷信が今もあって、私たちが立っているこのあたりは地獄の入口なのですよ」

六キロのトンネルを抜けたらそこは東経三一度、ヨーロッパ大陸最東端の地、ヴァルドゥー港。E75の終点である。

クートが、港近くの建物の前で車を降りたので、私はコートをはおり深くかぶった毛糸の帽子の上にさらにコートのフードをかぶって口もとでしっかりとめて、要するに目だけを出して近くを探索した。ヴァドソーやキルケネスどころではない烈風だった。一〇分ほどで用事を済ませたクートは、「ここから少し先にヴァルドゥーフース城塞があります。世界最北の城塞ですよ。そこから、魔女を焼き殺したステイルネセという火刑場が見えるかもしれない」と言って車を走らせた。

魔女狩りが猛威を振るったのは一七世紀で、魔女は城内の「魔女の穴」に監禁され、拷問で自白を強いられて、その拷問に耐えたとしても、城塞跡から五〇〇メートルほど先の火刑場に引っ立てられて灰と煙にされた。

サーミの悲しい運命に思いをはせていると、クートが私をせかした。「強風で道路封鎖になるらしい。早く戻ろう。今の気温はマイナス一三度ぐらいだけど、この突風で体感温度はマイナス三五度かな」

太陽が照っていたので、世界最北端の城塞と、遠くに見える「魔女の火刑場」モニュメント（二〇一一年二月は未完成）を撮影しようと車のドアを開けて外へ出た。体ごと飛ばされそうな風だ。車の陰でカメラを取り出したものの、手袋のままではシャッターを押せない。はずすと指が凍えて動かない。

酪農家セシリアの家で会った地元ジャーナリストは、寒風の中で手袋のまま撮影しながら「これはロシアの軍隊が使う射撃用手袋だ」と自慢していたことを思い出した。

こうして帰路についた。

翌日、ヴァドソーの県立図書館で見つけた裁判記録『北ノルウェー、フィンマルクでの魔女裁判』（リブ・ヘレン・ウィルムセン、二〇一〇年）の「まえがき」にこうあった（要訳は筆者）。

「たてまえでは拷問は禁じられていた。しかし、判決前に拷問で死んだ人々がいたことは、裁判記録で明らかである。当時、魔女であることの身体的特徴を証明しようとして、神の審判の名のもとに水攻めが使われた。水は悪霊を追い払う聖なる物とされた。魔女の嫌疑をかけられた人物は、手と足を一緒に結わかれて海に投げ込まれた。被疑者が水面に浮かんだら有罪、海底に沈むと無罪だった」

つまり、魔女の烙印を押されたが最後、海に浮かんでも沈んでも殺された。

一七世紀当時、フィンマルク県の住民は三〇〇〇人ほどだった。最も激しい魔女狩りのあった

「魔女の火刑場」モニュメント。犠牲者を悼んで狂気の歴史を刻む（2011年9月）

というヴァルドゥー近辺には二〇〇人ほどしか住んでいなかった。この過疎地で合計一三八人もが魔女裁判にかけられ、九二人が刑死。拷問死や溺死の数は不明。ほとんどが、現在のヴァドソー、ヴァルドゥー、キーベルグの住民だった。

この地方唯一の産業は漁業だから、嵐は漁師の死活問題。「魔女が嵐を起こした」という迷信で主に女性たちが生贄にされた。寒さに加え、底知れぬ貧しさ。それに疫病による死も多かった時代、「あんたなんか死んじまえ」と夫に毒づいたら（今だってよくあるセリフ）、翌朝その夫が死んでいた。こんな場合も、その妻は魔女にされた。地元ヴァランゲル博物館館長オーレ・リンダールセンの説はこうだ。

「魔女狩りがヨーロッパを席捲した時代、フィンマルクの資料では、何年に何人の魔女が焼かれたという数字が残っています。それを見ると、フィンマルクに新しい官吏が赴任したときに、火あぶりが増えています。官吏は、魔女狩りを自らの昇進に利用したのでしょう」

NRKで働くドキュメンタリー映像作家でサーミ女性のトーリル・オルセンは、「手足をこんなふうに縛られて冷たい海に投げ込まれたのよ」と私の目の前で、床にゴロリと仰向けに身を投げ出し、両足を高く上げて、その足首を両手で握るような格好をしてみせた。

「ノルウェーは当時デンマーク領で、役人はみなデンマークで教育を受けてデンマーク語を使いました。彼らは、ベルゲンから船で何日もかけてこのあたりに到着して荒涼たる風景に出会い、『ここは地獄への門だ』と思ったことでしょう。当時の庶民の家には窓がありませんでしたから家の中は真っ暗で、そこに栄養失調で歯のかけたみすぼらしい人々がいました。寒さを耐えしのぐために身につけていた上着や靴には、見たこともない奇抜な模様がほどこされていました。サーミ特有のデザインですね。言葉はサーミ語ですから、役人に理解できるはずもありません。『サーミは魔術使いである』と書かれた古書もあります。キリスト教文化とは全く異質の土地ですから、サーミ人は異端者そのものでした」

異質な人との共存共栄。これは現在のノルウェー社会が大切にしている価値観である。しかし、そこに至るまでには、異端者抹殺の暗い歴史があったことを思い知らされた。(1)

二　サーミの権利擁護に一生を捧げたエルサ

サーミ女性政治家のロールモデルと言われる、エルサ・ラウラ・レンベルグの名もこの旅で初めて知った。

ノルウェー女性史によると、エルサは一八七七年、スウェーデンと国境を接するヌーラン県の森林地帯で生まれた。当時、サーミ文化は消滅の危機に瀕していた。

トナカイ放牧で暮らしていた両親は、当時としてきわめて珍しいことに娘エルサに高等教育を受けさせた。彼女はストックホルムに留学して産婆教育を受け、政治集会にも参加。一九〇四年、ストックホルムで世界初のサーミ協会を創設して代表に就任。同時に、『死か生か――ラップ人の現状についての真実の言葉』と題する小冊子を出版した。これはサーミ女性初の出版物だそうだ。

その小冊子で彼女は、サーミ民族の貧困、男性のアルコール問題、土地の収奪、子どもの教育を論じる。「スウェーデンの選挙権にはノルウェーにはない収入制限があるため、サーミの選挙権が制限されている」とスウェーデンの選挙制度を指弾してもいる。

その後、結婚して再びノルウェーのヌーラン県に住み、サーミ族の権利擁護を主張。女性に選挙権がなかった時代に、女性がその権利擁護運動の先頭に立つべきだと講演をして回り、一九一〇年には初のサーミ女性解放運動団体「サーミ女性協会」を立ち上げる。

さらに一九一七年二月六日、トロンハイムで、初の北欧サーミ大会を主催。開会演説をしたエルサは、サーミの権利擁護には「土地」と「教育」と「選挙権」が不可欠で、そのためには国境を超えた連帯が必要だと訴える。スウェーデン代表も参加したこの大会は、サーミ政治史の偉大な一ページとなった。

ノルウェー選挙が比例代表制に変わったのは一九二〇年だが、労働党に属していたサーミの運動家たちは、それ以降、サーミ党を創設して独自の路線を歩む。エルサもヌールラン県のサーミ党リスト二番で立候補するが、比例代表制と言えども、できたばかりのサーミ党は惨敗。「数年後、サーミ運動家は労働党に戻った」と記録されている。

二〇世紀初頭は女性にとって冬の時代で、その上「国民」として認知されたとは言い難い少数先住民族サーミだから、まさに厳冬期。彼女のことを「キチガイ」（ノルウェー語で「Sinnsyk」）と表現した新聞もあったという(2)。

一九八七年、ノルウェー国会は「サーミ法」（正式には「サーミ議会とサーミ法制度に関する法律」）を通し、サーミ民族の保護、サーミ語とサーミ文化とサーミの生活の発展が国の方針になった。サーミによるサーミ議会の創設も明記された。

一九八九年九月、国会議員選挙と同時に、サーミ議会の選挙も行われた。ノルウェー国会はサーミ議会での決定を尊重する義務を負うことになった。最大のサーミ救済政策は七五〇〇万ク

サーミ議会

ローネの「サーミ民族基金」を立ち上げたことだろうか。過去の不公平な扱いに対する償いで、日本円にすると約一一億二五〇〇万円。人口が日本の三〇分の一の国で、サーミ人は五五〇〇人、全人口約五一〇万人のわずか〇・一％であることを考えると、巨額だ。

ノルウェー国会は、一九九二年から二月六日を「サーミ国民の日」という祝日とした。この日は、一九一七年エルサ・ラウラ・レンベルグが初の北欧サーミ大会を開いた日である。ノルウェー全土でサーミ文化祭が繰り広げられ、スウェーデン、フィンランド、ロシアも歩調を合わせる。

フィンマルク県カラショークに創立されたサーミ議会には、全国七つの選挙区から比例代表制に基づいて三九議席が選ばれる。九つの政党から議員が選ばれて、女性議員は一九人（四九％）。

日本にはアイヌ議会もないし、国会にはアイヌ初の国会議員として一期務めた萱野茂さんのあと、誰も代表を出せていない。

ノルウェーとの最大の違いは、少数意見が抹殺されることのない選挙制度を持つか持たないか、の違いだと思い知る。

三　地方は中央に隷属しない

私は運よく、ノルウェー地方議会選挙の候補者が決まる時期にフィンマルクにいた。全国のすべての県の政党支部が「推薦会議」（ノミナシオンムート）を開いて、候補者リストを最終的に決める時期だった。

二〇一一年二月二八日付のフィンマルク県地元紙『フィンマルケン』には、「労働党、新しいドレスに」という見出しが躍り、推薦会議で決まったばかりのヴァルドゥー市労働党の候補者のリストが載った。

笑顔のカラー写真の一人は、候補者リスト一番目のロバート・イエンセン（男）。もう一人は、リスト二番目のエバ・リサ・ロバートセン（女）。そして、一番から二四番まで候補者の氏名、生まれた年、住所が掲載されている。

新聞には「ヴァルドゥー市の市長が決まった」とある。投票日は半年後なのになぜ？　理由は、同市は現市議一九人のうち九人が労働党と、労働党の金城湯池だ。日本と違って、市長は市議選後、連立を組んだ会派の最大政党から選ばれる慣例なので、よほどの事件がない限り労働党のロバート・イエンセンが次期市長となるという意味なのだ。

ノルウェーは、国会も地方議会も比例代表制選挙で議員が決まる。投票日は九月の第一か第二月曜日と定められていて、二〇一一年地方議会選挙の投票日は九月一二日。政党は候補者リストを三月三一日正午前までに選挙管理委員会に提出しなくてはならず、私が訪問した二月、三月は、政党にとって最も多忙な時期だった。

日本なら、候補者の一本釣りはごく当たり前だが、ノルウェーに一本釣りはない。各市の政党役員は、選挙の前年暮れから年明けにかけて、自分の選挙区の次期候補者リスト案を練る。

第II部第三章五の主人公、酪農家セシリア・ハンセンも、中央党幹部として候補者発掘に奔走した。移民の美容院店主を「議員になって、町のために働いてみませんか」と説得し、承諾が得られたと喜んでいた。

驚くべきは、政党の地方支部と言っても、決して中央本部に隷属してないことである。農業経済学者であり、ヘードマルク県オーモット市長でもあるオーレ・G・ナルードはこう言う（前掲『ノルウェーを変えた髭のノラ』二一一〜二一二頁）。

「ノルウェーの政治に一番貢献しているのは地方です。政党の地方組織を『政党支部』と呼ぶのは、ノルウェーの現状からするとしっくりきませんね。支部では中央より下にあるかのようです。政党交付金は、国、県、市それぞれに直接支給されます」

ノルウェーの公職選挙法によると、市議候補者リストの人数は最大で議席数プラス六。定数二五なら三一人まで候補者を出せる。政党は、目いっぱい載せて支援者を増やそうとがんばるのだが、候補者は簡単には見つからない。

ノルウェーの地方議員は、ほかに有給の仕事や学業を持ちながらのボランティア。仕事や家庭の事情で立候補を断る人が少なくない。どんな小政党でも候補者リストに最低七人を載せなくては選挙管理委員会に受け付けてもらえないから、党役員は候補者探しに必死だ。

一八八頁でも触れたように、市議候補者リストは、年末から一月頃に開かれる選挙区ごとの各政党の「推薦会議」（ノミナシオンムート）で固まる。会議は党の役員、現職議員、議員経験者などで構成される。セシリアが説得にあたった美容院店主の名もこの会議にかけられる。

リストは男女の数、職業、年齢、住んでいる地域が考慮される。男女が半々近くになるように、職業がダブらないように、ある世代に偏らないように、同じ地区に偏らないように、が前提となる。さらに、政党の綱領でクオータ制が決められている（一五四〜一五六頁）。そのうえで誰を一番目に載せるかが最重要議題となる。

図表9はフィンマルク県で私が訪ねた三市の二〇一一年現在の党別議員構成である。政党の多

図表9　政党別の市議会議員数（人）

市（人口）	全体（女性）	女性率	労働党	進歩党	保守党	キリスト教民主党	中央党	左派社会党	自由党	他
ヴァルドゥー（2,396）	19（7）	36.8%	9	2	1	0	0	1	1	2
ヴァドソー（6,180）	25（10）	40.0%	9	2	7	1	1	5	0	0
セル＝ヴァランゲル（9,490）	25（13）	52.0%	11	4	2	0	5	2	0	1

図表10　政党別獲得票の割合（%）

	労働党	進歩党	保守党	キリスト教民主党	中央党	左派社会党	自由党	赤色同盟	他
国会	35.4	22.9	17.2	5.5	6.2	6.2	3.9	1.3	1.4
地方	29.6	17.5	19.3	6.4	8.0	6.2	5.9	1.9	5.3

（注）図表9, 10とも、他は海岸党など地方政党。

彩さに驚かされる。人口数千に、七つもの政党から議員が出ている。言うまでもないことだが片方の性に偏ってもいない。

国会議員選挙と地方議会選挙における全政党の得票率は図表10。国会は二〇〇九年、地方議会は二〇〇七年に行われた選挙結果だ。

比例代表制選挙は、政党が獲得した票の割合に比例して、その政党の議員数が決まる。だから大政党は大政党なりに、小政党は小政党なりに一定の議席をとれる。死に票がない。当選者はたった一人の勝者だけで、他の候補者に入れた票はすべて死に票となる小選挙区制とは全く異なるのだ。

これだ！　これなら少数集団が政治から見放されることもない。自分の投票が「死に票」になる心配もない。それが、比例代表制の真骨頂なのだ。

極寒の町取材の締めくくりに、私は、フィンマルク県庁に向かった。副知事アン・ソールベイ

アン・ソールベイグ・スレンセン副知事

グ・スレンセン（労働党）が執務室で「ウェルコーメン（ようこそ）」（写真）。

「フィンマルク県の現知事は男性ですが、副知事は私、見ての通り女性ですよ。前知事はヘルガ・ペデルシェンという女性でした。それに県職にも女性職員が多く、トップの幹部にも女性がたくさんいます」

広報担当官から渡された、『フィンマルク県男女平等統計』という冊子の表紙の写真に驚いた。男女が楽しそうに歌っているのだが、女性はつけ髭をしてネクタイ姿、男性は女性用のビキニの水着姿。壁の肖像写真からして議場らしい。

「なんですか、この写真は？」と尋ねたら、知事の補佐官が説明した。

「県議会が始まる前に、議場で行われた県の『男女平等・多様性賞』授賞式風景です。国にも同様の賞がありますが、わが県は独自に男女平等・多様性賞を設けています。職種によって男女の数に偏りのない会社や、男女平等推進に役立つ商品を開発・販売している団体・個人から、最も賞にふさわしいひとつを選びます。受賞者には三万クローネと絵画の副賞。授賞式で受賞者は感謝の言葉を述べたりするのですが、この団体は、男女逆転社会を演出して、歌をうたいました。男女差別のおかしさを表現したのでしょう」

男女平等賞授賞式。男がビキニ、女が髭をつけてダンスに興じる（シリア・アルヴォラ提供）

日本の格式ばった議会との何たる違い！

この取材の最後に会いたかったのは、前知事のヘルガ・ペデルシェン。

一九七三年、セル＝ヴァランゲル生まれ。前に紹介した議員たちと同様に、彼女の政治活動は労働党青年部からスタートした。一九歳でフィンマルク県労働党青年部代表。二六歳のとき、県職員をしながら、県議会の代理議員になった。二〇〇三年、三〇歳でサーミ人初の県知事。二〇〇五年にはサーミ人初の閣僚に抜擢され、漁業大臣になった。二〇〇九年、国会議員に初めて選出された。現在は、最大与党の労働党の副党首だから、次期首相の有力候補だ。ノルウェーの平等主義を象徴する、このサーミ女性にはぜひインタビューしたかったのだが、育児休業中だった。

二〇一一年三月二日の彼女のフェイスブックには、こうあった。

「昨夜《ゆうべ》、三一九〇グラムの女の子を産みました。産婆さんありがとう」

四　歴史を塗り替える女性たち

厳冬の取材から半年後の二〇一一年九月、私は地方選挙の結果を知りたくて、また「サーミの森」フィンマルクを訪ねた。

「サーミの首都」と呼ばれるカラショーク市の市長にサーミ女性が選ばれたというニュースが大きく報じられていたので、まずカラショークを訪問。

カラショークは内陸部にあり、零下五〇度まで下がった記録がある極寒の地。オスロから、トロムス、アルタと飛行機を乗り継いで、ラクセルブ空港に降りて、そこからバスに揺られて一時間あまりで着いた。

市長に初当選したのはアンネ・トーリル・エリクソン・バルトー（一九七七年生まれ、一九五頁写真）。

銀行で顧客の相談に乗るアンネ（右）。この仕事は市長就任まで続く

銀行員として働きながらカラショーク市議を二期務めた。市議に初めて当選したのは大学生のときだ。猛勉強して公認会計士に合格。二期目の最後の一年間は副市長に就任し、このときの手腕が評判になった。

自宅で、花瓶のピンクのバラに目をやりながら、こう私に語る。

「昨日、ケア・サービス職員が涙を浮かべて『この日をどれだけ待っていたか、あなたが変えてくれるんですね』と言って、当選祝いにバラの花束をくれたんですよ」

二四年間続いた労働党男性市長に代わって、中央党が市長の座を獲得。男性市長一六四年の歴史に終止符を打った、同市初の女性市長だ。

二〇一一年九月の地方選挙後のマスコミ発表によると、全国の全市議候補五万九五〇五人のうち、女性は二万四八四四人で四二％。全議員一万七八五人のうち女性は四一一五人で三八％。女性市長は九六人で二二％。

その九六人の一人がアンネで、まだ三〇代である。

トナカイ放牧業の夫が、「トナカイ遊牧をする人は減ってゆくばかり。環境の変化で牧草は減るし、政府も理解がないし」と嘆きながらパソコンを出してきた。

それはトナカイの群れのＤＶＤで、果てしなく広がる雪原をおびただしい数のトナカイが疾走している。サーミが大自然に抱擁されるように生きているのが、よくわかる。トナカイ飼育は一家全員の結束が必要。家族五人はトナカイとともに移動する。働き者のアンネは、昼は銀行勤め、夜は議員という二つの重責を背負った上に、トナカイの季節移動期間には一家総出の大仕事をも担う。その期間は、銀行から一週間の有給休暇をもらうそうだ。

「これがサーミの暮らし。僕ら二人とも、前の相手との子を連れて新生活を始めたモダン・ファミリーです」と夫が言うと、アンネが口を挟む。

「私たちは家庭内男女平等を実践しています。でも、カラショーク全体は、そのレベルまでいっていません。選挙のとき、私の背後には夫がいる。トナカイ業の利益を守りたがっている夫の繰り人形だ、なんて陰口を叩いた人がいました」

今回の統一地方選は、全国的に見れば保守党と労働党が勝利を分かち合った。しかしサーミ人の多い自治体は様子が違った。地元紙『サガ』の記者の分析はこうだ。

「カラショークはあまりに労働党政権が長すぎて、飽きられてしまった。市の財政が赤字になったことも敗因ですね。それに加えてあの党は、このあたりの金鉱採掘権の売り渡しに賛成したので、環境保護派やトナカイ飼育市民の強い反感を買いました」

もうひとつ、サーミ自治体として有名なカウトケイノ市にも行ってみた。夏は太陽の沈まない白夜が続くが、冬の厳しさはカラショークと同じで、零下四五度という記録がある。住民は約三〇〇〇人。

サーミ議会議員アイリ・ケスキタロ

カウトケイノ市では、今回の選挙で女性が三議席から九議席に激増して、一九議席をほぼ男女で分けあった。ここの主要政党は「サーミ市民党」「飛ぶトナカイ党」「カウトケイノ住民党」という地域政党で、労働党、保守党などのいわゆる中央政党はふるわない。

当選したばかりのアイリ・ケスキタロ(一九六八年生まれ、写真)に会った。彼女は、「ノルウェー・サーミ協会」会長という、サーミ社会を率いる団体のトップ。カウトケイノ市の最大与党である「サーミ市民党」の党員で、サーミ語教育とサーミ文化の振興、トナカイ放牧業の発展、を公約の中心に置く政治家である。市の代理議員として市政にかかわりつつ、サーミ議会議員（国会議員選挙と同じときに選挙される）に選出され、女性初のサーミ議会議長を務めた（二〇〇五〜二〇〇七年）。

サーミ議会が開会される前日の夜九時すぎ、私の突然の面会申し出に応えてホテルに来てくれた。

コペンハーゲンで行政学修士を修了し、ノルウェー語、北部サーミ語、英語の三言語が流暢だ。三人の子どもがいて、サーミ議会議長時代に出産した末娘はいま三歳だ。

声がかすれていたので「風邪ですか」と尋ねると、「去年、喉頭がんの手術をして、まだ治療中です」。夜遅く呼び出して申しわけないと言うと、「もう仕事に復帰しました。大丈夫ですよ」とほほ笑んだ。

夜中、ホテルでパソコンを開くと、彼女の病気は、ノルウェーのメディアで大々的に報道されていた。病と闘いながら、サーミの権利のために全力疾走するアイリは二一世紀のエルサ（一八五頁）だ。そう思いながら報道を読み進むと、アイリ自身が新聞記者の質問に答えて、エルサのことを語っていた。

「エルサは、六人を出産し二人を亡くして四人を育てながら、政治運動を続けました。政治活動をすることに夫や子どもたちの理解をどのようにして得られたかという問題、忙しいトナカイ放

エレン校長先生は市議を兼務(2011年9月　高校の校長室)

牧の仕事と政治活動をどう折り合いをつけたかという問題、彼女に教えてもらいたいくらいです。エルサの時代は、少数民族差別はむろん、男女不平等が当たり前の時代だったんですよ」

カウトケイノ市議となった保守党のエレン・インガ・ブリータ・オーラフスドッテル・ヘッタ(一九五三年生まれ、写真)は、「カウトケイノ高校」の校長先生で、校長室で取材に応じてくれた。

保守党は、ノルウェー全体では労働党と勢力を二分する強力な政党で、首相を何人も出している。ところが、カウトケイノの保守党は、一九議席中一、二議席しかとれない弱小政党だと言う。二〇一一年の地方選挙では、彼女を含めて二議席だった。

カウトケイノ高校と下校する高校生

エレンは、カウトケイノ小・中学校の教員を務めるかたわら、長いこと市議会議員をしてきた。一九八八年から一期四年間は市長も務めた。その後、保守中道政権下では副大臣を歴任したベテラン政治家だ。

「候補者リストの一番目に」という保守党の強い要請を断わり、当選の可能性が低い二番目に登載してもらった。校長になったばかりで時間がなくて、議会の仕事を勘弁してほしかった。しかし教員、市長、副大臣だった彼女の人気は高く、選挙活動に参加できなかったにもかかわらず、〝加点〟を集めて一番になってしまった。

公立高校の校長先生が市議会議員を同時に務めることができるなんて、日本人の私の頭は大混乱。エレンに、「公立学校の校長先生が議員をすることとは、日本では考えられません。

1970年代、国会にダム建設反対デモをするサーミ

応接室ではなく、校長室で写真を撮らせてほしい」と言ったら、「いいですよ」となった（一九九頁写真）。

私は東京都議会議員に立候補したとき、都立駒場高校の英語教員をしていた。立候補の噂が出たらすぐ校長室に呼び出されて、「教育公務員は政治活動を禁じられています。生徒に影響を与えては困るので……」とやんわり退職を勧められた。

ノルウェー政治の格式張らなさ、タブーのなさ、柔軟さ、は日本のおそらく一〇〇年くらい先を走っているようだ。

「サーミ女性と政治」について、女性運動家グッドルン・エリクシェン・エリーサ・リンディに話を聞いた。サーミ議会のあるカラショークに住む。

彼女は一九九六年、サーミの女性誌『ガ

スーパーの「チーズ」売り場。上の大きな文字はサーミ語、下の小さな文字はノルウェー語（2011年8月　キルケネス）

バ』を創刊。年三回の編集発行をほぼ一人でこなす。ガバとは、自立した女性を意味する北部サーミ語。女性の作家たちによる、サーミ社会を描写する小説、詩、論文、写真を掲載する雑誌だ。

フィンランド、ノルウェー、ロシア、スウェーデンの四か国のサーミをつなぐ男女平等組織「サーミ女性フォーラム」の運営も担当している。こうした運動によってグッドルンは、二〇一一年度のフィンマルク県「男女平等・多様性賞」（一九二頁）を受賞した。

グッドルンは歴史の節目となった出来事を話してくれた。

三〇年ほど前の一九七〇年代末、近くのアルタ・カウトケイノ川に水力発電のダム建設計画が浮上した。「生活が破壊される」とサーミ人は猛反対。環境運動家も加わり、国をあげての大抵抗運動に発展した。

サーミたちは地元アルタと、国会のあるオスロの二か所で抗議運動を開始。国会議事堂前にテントをはってハンストしたり、首相に直談判したり。国連やローマ法王にも直訴。アルタでは、零下二〇度の中で、デモや座り込み運動を続けた。闘いの中枢に、大勢の女性たちがいた。

結局、ダムは造られた。しかし、それと引き換えの形で一九八八年、憲法に「サーミの人々が、その言語と文化と生活様式を保持できるような環境をつくることは国家の責務である」（翻訳筆者）という条文が追加された。この憲法改正前年の一九八七年には「サーミ法」もできた。

その実行の証として、一九八九年、第一回サーミ議会議員選挙が行われた。サーミ社会の生き難さを共有し、反ダム運動で闘って力をつけたフェミニズム団体「サラカ（女神の意）」は、この初のサーミ議会選挙で、「サーミ女性党」を立ち上げ、グッドルンを候補者リストの一位に立てて当選をめざした。

三九議席のサーミ議会は、全国一三選挙区（現在は七選挙区）から比例代表制で選出される。カラショーク選挙区からは、地域政党の「ノルウェー・サーミ協会」二人、労働党一人の計三人が当選した。サーミ女性党はいま一歩及ばなかった。

とは言え、できたばかりの女性党がノルウェー最大の政党である労働党に拮抗する票を集めたことは、サーミ女性党に自信を与えた。地方紙『サガ』の男性記者は私に言う。

「サーミ議会は、今ようやく、女性たちが半数近くになりました。ここまでの道のりには、サーミ女性たちの長い闘いがあるのです。サーミは、ずっと国の政策からつまはじきにされてきた。サーミの権利拡大と独立には、女性の視点や女性の声が政治に反映されることが絶対に必要でした。彼女たちは、常にそう主張してきた、その一人がグッドルンです。僕は彼女を尊敬しています」

カラショークのサーミ議会内にあるサーミ図書館で新聞を見ていたら、地元紙『フィンマルケン』の一面いっぱいにシングルマザーの酪農家セシリアの笑顔が。セシリアは市長になっていた。私は、キルケネス空港に飛んだ。

半年前の訪問時、彼女は「次は議員に出ない」と言い、党の推薦会議では男性候補が候補者リストの一番目に内定していた。ところが彼女は、私と別れたあと一転して立候補を決意した。党内はすったもんだの大騒ぎとなり、ついには、リストの一番を誰にするかを党内会議で投票をして決めることになった。結果は、ほぼ全員が彼女を支持した。

二〇一一年九月の地方選で、セル＝ヴァランゲル市の中央党は大勢の当選者を出したので、市政与党になり、あのセシリアが市長になってしまった。彼女が市議候補に推薦していた移民の美容師も当選した。セシリアは真顔で私に言う。

「日本の女性の悲劇的事情をマリ子から聞いて、私は決意を固めたの。絶妙のタイミングでマリ子が現れた。あれがなかったら、今の私はありません」

セシリアは市長就任後、自分の酪農に労働者を二人雇った。一人は移民で、住む家がないというので、セシリアは、近くに家まで買って住んでもらった。

「昨日は、野生の熊が人家を荒らす大事件があって、取材陣に追われて忙しかった。今日は、これから隣町で開かれる石油・天然ガス大会に出席するために、三時間のドライブです」

「片道三時間も自分で運転して？」

「もちろん、そうよ。ノルウェーでは、市長でも自分で車を運転するのが当り前。自転車通勤の大臣もいるのよ。運転手つきの車で送り迎えしてもらえる政治家は、まずいないでしょうね」

公用車で別荘通いを繰り返していた東京都知事がいたが、日本には、「封建時代の殿様」然としている政治家が多い。

ノルウェーで私が出会った政治家の多くは、「庶民のために、庶民の中から選ばれた、庶民そのものの政治家」だ。政治が普通の人たちの足元で力強く根を張っているのだ。

【注】

（1）http://www.architecturenorway.no/stories/photo-stories/eggen-steilneset-11/

（2）http://www.stemmerett.no/tema/personene/renberg.html

第五章 一〇〇年前から比例代表選挙

投票ブースには政党別に候補者リスト（投票用紙）が並んでいる（2019年9月）

一　選ばれた人の報酬は選んでくれた人たちを超えてはいけない

ノルウェーの国政選挙は、地方選挙と同じく比例代表制。投票日は九月の第一か第二月曜日と決められていて、解散も補欠選挙もない。

選挙のある年の二、三月には、政党ごとに県の「推薦会議」（ノミナシォンムート）が開催され、市からの候補者リスト原案が提案される。再度会議で話し合って、正式に候補者リストができあがる。

労働党や保守党（最近は進歩党も）のような大政党は、選挙区によっては複数の当選が見込めるが、そのほかの政党の当選者は、よくて二人、多くは一人だ。つまり推薦会議では、リストの一位と二位を誰にするかが最重要議題となる。

すでに述べたが、推薦会議は公開で、マスコミも招待される。会議の翌朝、メディアを通して、「○○党の候補者決定！」というニュースがお茶の間に届く。投票日の半年前に、である。

こうして九月までの長い選挙戦のスタートが切られる。

この国には「選挙期間」はない。七月には事前投票所があちこちに準備されて、七月から八月

青空市に並ぶ選挙テント前で党員と市民が話し合う（2009年9月　ルーテン市）

初旬まで早期投票ができ、八月初旬から九月の投票日前日までは事前投票ができる。要は、一か月も前から、場合によっては二か月前から投票ができるのだ。住民票と異なる市でも事前投票ができるため、勤務先の近くで投票する人が多い。投票用紙は封筒に入れられて、投票日までに住民票のある市に当局から配達される。

本格的論戦は、夏休み明けの八月初めから。政党党首のテレビ討論会や新聞紙上での政策論議がさかんになる。それぞれの選挙区（二九県）の市民広場、ショッピングモール、学校、公民館などで、政党の候補者たちが一堂に会して討論会が始まる。もちろん政党ごとの催しも増える。

投票日（月曜）直前の土曜日はクライマックスだ。政党の選挙テントやスタンドが道路わきにズラリと立ち並び、政策パンフに加え、コーヒーやお茶、またはキャンデーや採れたての人参スティックなどが供され、候補者と市民が政策談義を繰り広げる（二〇九頁写真）。日本の選挙につきもののスピーカーや連呼はない。

図表11は、ヘードマルク中央党が党の推薦会議で決定して、二〇一三年三月、ヘードマルク県の選挙管理委員会（選管）に提出した同年九月国会議員選挙の候補者リストである。これを選管が、全政党の形式を整えて投票用紙とする。投票用紙は選挙区ごとに大量に印刷されて、誰でも何枚でももらえる。日本のように投票所でしか入手できない重々しいものではない。

図表11を見ると、候補者リスト左欄に1から13までの番号がつけられている。その右に一三人の氏名、それぞれの生れた年、住所が書かれている。

一番目は、現職の国会議員トリュグヴェ・マグヌス・スラグスヴォル・ヴェーダ。二番目がオラブ・グルティン（女性）。三、四番目も女性だ。

一番目は党の象徴だからアピール力のある現職が選ばれる。ヘードマルク中央党は、これまで一議席しかとれないことが多かったので、当選が確実に期待できるのは、このトリュグヴェだけだ。

当選者が一人の場合、二番目の候補は代理議員となる（代理議員については一三二頁）。もし二人当選すると三、四番目までが代理議員となるので、四番目までが非常に重要となる。

六番目に載っているオーレ・G・ナルードから話を聞いた。彼は国立大学准教授のかたわら

図表11　選管に提出された国会議員候補者リスト（中央党ヘードマルク県）

Stortingsvalget 2013
Valglister med kandidater
01 Stortingsvalget 2013
01 Stortingsvalget 2013
000004 Hedmerk

Valglistens navn: Senterpartiet　　Status: GodKjent av valgstyret

Kandidatnr.	Navn	Fødselsår	Bosted	Stilling
1	Trygve Magnus Slagsvold Vedum	1978	Stange	
2	Olov Grøtting	1960	Alvdal	
3	Ida Kristine Teien	1984	Elverum	
4	Aasa Gjestvang	1971	Stange	
5	Arnfinn Nergård	1952	Os i Østerdalen	
6	Ole Gustav Narud	1958	Åmot i Østerdalen	
7	Åse Jorunn Bjerke Lilleåsen	1953	Grue	
8	Knut Gustav Woie	1963	Eidskog	
9	Gunn Jorunn Sørum	1991	Ringsaker	
10	Dag Henrik Sandbakken	1957	Tynset	
11	Per Rønning	1990	Tolga	
12	Heidi Hitland	1956	Sør-Odal	
13	Thomas Haug	1987	Stor Elvdal	

オーモット市議を兼務。市長に選ばれたときは大学を休職。その後また大学に戻って市議と県議を兼務したが、二〇一五年九月、また市長に復帰した。ヘードマルク中央党幹部でもある。

「このリストを決めたのは、ヘードマルク県の推薦会議（ノミナシォンムート）です。会議には全市から党員の代表が出席します。それぞれの市から何人の代議員を出せるかは、その市（ヘードマルク県なら二二市）の直近の地方選挙の得票率によって比例代表制で決まります。代議員数が決まって、誰を代議員にするかは、市の政党が投票で決めます。

リストを決める県の推薦会議は、市が出してきた推薦候補を審議して、最終決定をする場です。ホテルで開かれ、メディアも招待されます。

一位のトリュグヴェは、一九七八年スタンゲ市生まれ。農業労働者です。中央党のヘードマルク県青年部代表で、同党〝中央〟の青年部幹部（日本なら中央党本部だが、本部、支部という上下を意味する表現をしない）でした。二一歳で青年部の顔として県会議員に選出されて一期四年務めて、二〇〇五年、二〇代で国会議員になりました。

二位の女性オラブ・グルティンは、二人の子どもを育てながらヘードマルク県の職員を務め、そのかたわらアルブダール市議会議員をし、市長になったこともあります。三位までは原案通りでしたが、四位は二人いて決まらなかったため、その場で投票をして、三三対一〇でオーサ・ジェストヴァンが選ばれました」

国政選挙の候補者を誰にするかは重要なことだが、その大事なことを決める人（推薦会議の代議員）を誰にするかは同じくらい重要だと、オーレは力説する。だからこそ、代議員の選定ルールがあって、それに則って選ばれた代議員が会議に出席するのだという。

さて、リストの一番、二番、三番、四番は皆、地方議員経験者である。たまたまではない。オスロ大学政治学部ハンナ＝マッテ・ナルード教授によると、国会議員になるための重要な条件は「地方政治の経験」だ。実際、国会議員の八五％から九二％が地方議員の経験者である。[1]

ここで何度でも強調したいのは、ノルウェーの地方議員は、日本と違って、無報酬のボランティアであることだ（オスロなど大都市は例外）。地方議員の経験が評価されるということは、職業や学業のかたわら無報酬で地方政治にかかわってきたボランティア体験が重視されることだ。政治ジャーナリストの第一人者NRKのリーラ・スルフスビークは私にこう断言した（二〇一九年八月）。

「ノルウェーにはお金のために議員になる人はいないと考えてください。地方議員は基本的に無報酬です。国会議員や市長はフルタイムですから報酬がありますが、国会議員でも世間一般と比べて高いとは言えません。だから企業人や弁護士が国会議員になると、減収となる場合があります。国会議員の報酬については、かつて議論はありましたが、選ばれて国民の代表になった人が、選んでくれた国民たちを超えてはいけない、というのが結論でした」

一方、日本の地方議員は職業政治家だ。東京都の区議会議員で月五〇万〜六〇万円、都道府県の場合は月七〇万〜一〇〇万円の報酬が出る。ボーナスもある。そのうえ、あの兵庫県議の号泣記者会見で誰もが知った通り、「政務活動費」が出る。県レベルで年二四〇万〜七二〇万円で、平均四二〇万円！　第二の報酬と言われている（「政活費　領収書なしでも」『朝日新聞』二〇一四年八月二四日）。国会議員の報酬も世界最高額だ（図表12）。

ノルウェーで候補者が選挙に金を使うことはありえない。もちろん供託金もない。

二〇〇九年秋、ノルウェーの女ともだち四人でコンサートの帰りにおしゃべりしていたら、四人のうち三人が「選挙に出たことがある」とわかった。しかも、三人の支持政党がすべて違っていた。市民の身近なところに政治があることを思い知らされた。

政党が決める公約・マニフェストは、日頃から論争になっているテーマが土台になる。比例代表制選挙による政党中心の選挙の国だから、政党は他の政党との違いを際立たせようと、躍起に

図表12　世界の国会議員の年収

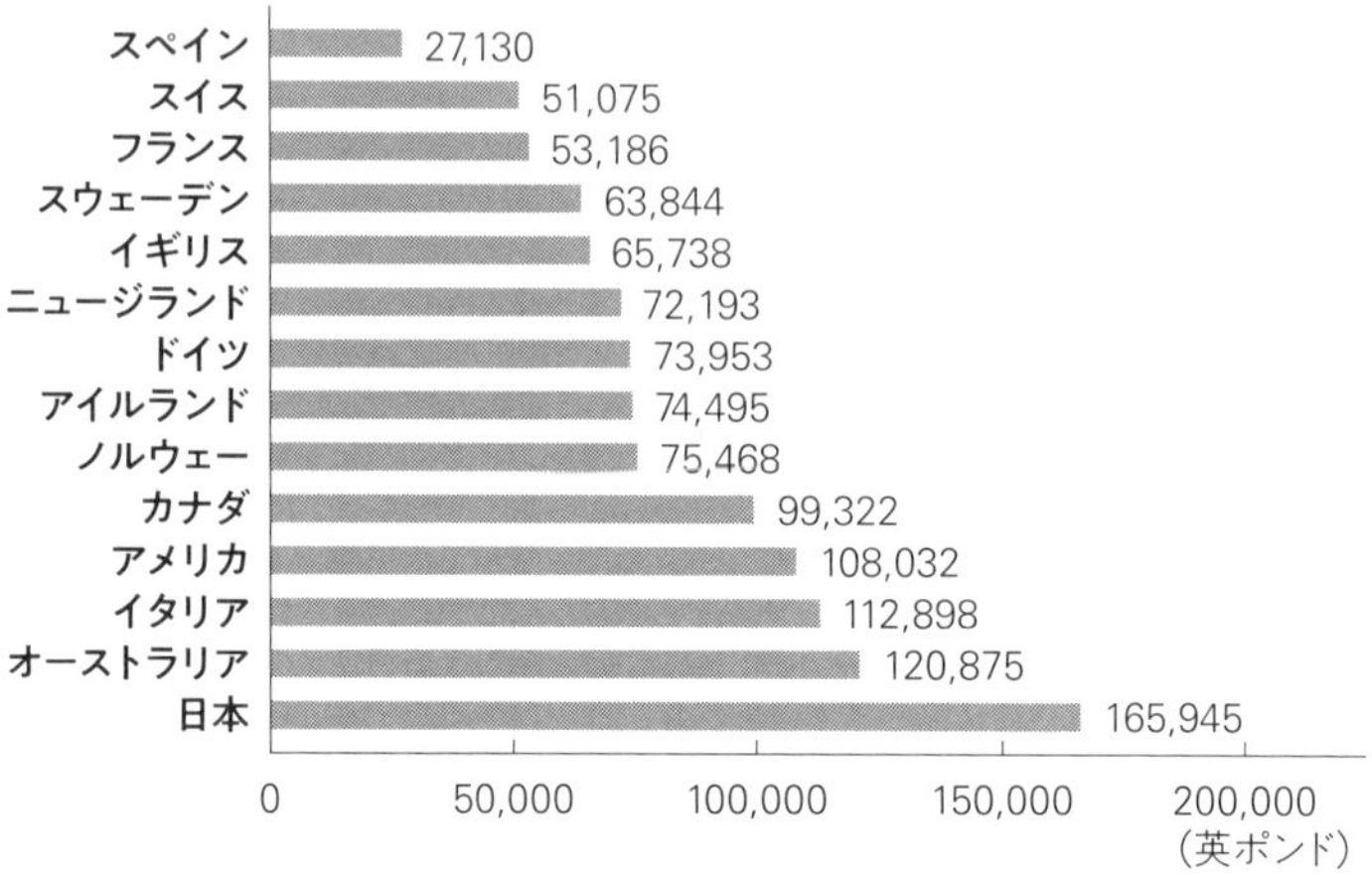

英ガーディアン紙（The Guardian 11 July 2013）による国会議員の年収をもとに筆者作成。

なる。旗幟鮮明こそがいのちだ。

有権者の一票は政党に入れるのであって、候補者個人は、名前と顔を売ったり媚びへつらったりする必要が全くない。

私とは長い付き合いの左派社会党の前党首で財務大臣だったクリスチャン・ハルヴォルシェン（一九六〇年生まれ）は、育児休業中に国会議員に初当選した。選挙運動には参加できなかったそうだが、これを可能にしているのが比例代表制なのである。

日本の選挙はどうか。

もう二〇年も前のことだが、選挙前の夜の街頭演説会で、候補者の妻が妊娠中とわかる大きなおなかを抱えて「主人の〇〇をよろしく」と宣伝カーの上で土下座する光景を見たことがある。妊娠中の妻でさえ休めないのだ。

都議会議員だった私は、二期目の選挙を四

月に控えた正月、同じ選挙区の保守系議員から「一日三〇件の新年会があるんだよ」と聞かされた。市民派議員も、夜七時すぎだというのに「これから三つも回るんだ」と言った。彼が見せてくれた手帳には、小さな字でビッシリと忘年会や新年会の予定が書き込まれていて、「ひとつにつき五〇〇〇円から一万円は包まなければならないんだよね」とこぼした。

国会議員はさらにすさまじい。

「忘年会が二〇〇回から三〇〇回、新年会が三〇〇回から三五〇回。手ぶらでいったらだめなんだ。最低一万円は持っていかないと」とは渡辺美智雄元衆議院議員の弁だ（広瀬道貞著『政治とカネ』岩波書店、一九八九年）。

「間違った選挙制度」を頂く私たち日本国民は、不幸と言うしかない。

二　比例代表制成立の歴史

二〇一四年八月二五日、トリュグヴェ・マグヌス・スラグスヴォル・ヴェーダに取材した（二一六頁写真）。ヘードマルク中央党リスト一番目の候補者だ。二〇〇五年以来、連続当選している。労働党と連立を組んだ前内閣では農業食糧大臣だった。中央党党首に就任したばかりである。

国会議事堂のロビーで待っていると、「集会に参加していて遅れてしまいました。すみません」

青空市で国会議員候補が討論会に臨む。右端がトリュグヴェ
（2009年9月　ヘードマルク県）

と息せき切ってやってきた。国会前を埋め尽くしていた「ISに反対するイスラム系ノルウェー人」が主催する大集会に出席していたのだそうだ。

私　選挙のとき、党首として最も大切にしていることはなんですか。

トリュグヴェ　政治家としてなら「正直であること」「誠実であること」「常に庶民のサポーターであり続けること」です。党首としてねぇ（しばらく考えて）……党内にはいろいろな軋轢がありますから、亀裂が大きくならないように、まとめる力が党首には欠かせません。意見の違いを乗り越えて党員が連帯できるように努める。それが大切です。

私　若くして党首となりましたね。

トリュグヴェ　今、三五歳。それまで副党首を六年間やりました。国会議員として外務委員会、財務委員会など重要委員会の委員を務めました。農業食糧大臣もしました。こうした経験が評価されたと思います。

私　今日は月曜日。日本の国会議員は週末も休みませんが、あなたは昨日、一昨日、何をしておられましたか。

トリュグヴェ　土日は、一日中家にいました。日曜は、夕方四時からスピーチ作成などの準備などをしました。でも、金曜の夜は、仕事が入ることが多いですね。

私　お子さんはおいくつですか。

トリュグヴェ　三歳と八歳です。妻と僕で保育園の送迎を分担します。僕は一週間に一、二回でしょうか。今朝も、保育園経由でここ（国会）に来たんです。

私　選挙が近づくと、保育園への送迎はできますか。

トリュグヴェ　難しいでしょうね、党首は。選挙になると、党の代表として全国行脚します。それぞれの土地の高校、工場、銀行、農業団体などに直接足を運び、有権者と話し合います。その土地の党員との話し合いもあります。地方のラジオやテレビ出演、新聞の取材。スピーチもあるし、コメントをしょっちゅう求められます。それに、オスロでは党首同士の討論、討論、討論。メディアにどう答えるかなど神経を使います。

同席した秘書官は、取材後、国会議事堂内の子どもの遊び場となっている部屋を案内してくれた（保育園は別途ある）。彼女は言う。

「ノルウェー国会では、親であれば、女性議員も男性議員も子ども連れで仕事場に来なければならない事態に遭遇します。もちろん、私のようなここで働く公務員にとっても、この保育室は必要です」

ノルウェーには、国会議員個人に秘書をつける制度はない。その代わり政党ごとに秘書官が相当数いて、報酬は国費で賄われる。トリュグヴェ会見に同席した秘書官も国会議員トリュグヴェ個人の秘書ではなくて、中央党所属の秘書官だった(2)。

一方、日本では国会議員一人につき国家公務員身分の公設秘書が三人いて、人件費は国費で賄われる。それに加えて多くの場合、私設秘書も雇っている議員が多い。元首相鳩山由紀夫は、衆議院議員だった頃、東京六人と選挙区北海道三二人合わせて三八人の秘書を抱えていて、人件費は年八六五〇万円。「これだけのスタッフの数があったからこそ、選挙区の中をこまめに動けたし情報もよくはいって当選することができたのだろう」と本人も語っていた（前掲『政治とカネ』）。

党首トリュグヴェの日常でもわかるが、ノルウェーと日本とでは、政治家の日々の行動が全く異なる。

日本の政治家は、小選挙区制だから、個人戦を勝ち抜くために莫大なお金と時間をかけて壮大なる無駄（ときに違法行為）に日々、精出しているように見える。

ノルウェーが「比例代表制」になったのは一九二〇年だから、今から一〇〇年前のこと。それ以前は、「小選挙区制」で代議員を選ぶ間接選挙だった。

小選挙区制から比例代表制への動きは、憲法制定史と関係がある。

一八一四年四月一一日、憲法制定法案を起草する会議が、オスロ近郊のアイツヴォルで開かれた。ここに全国から選ばれた一一二人が集結した。職種は官吏、牧師、教師、軍人、農民、商人。年齢は一〇代から六〇代。そして一か月後の五月一七日、この会議でノルウェー憲法が誕生した。

この憲法で初めて「選挙権」という国民の代表を選ぶ国民の権利が明記された。土地を持っている農民にも選挙権が与えられた。これは、一九世紀初頭としては世界で最も民主的な出来事の一つと言われる(3)。ただし、女性に選挙権が与えられたのは、ずっとあとのことである。

当時ノルウェーは、スウェーデンと同じ人物を王に頂くスウェーデンに支配された半独立国家だった。

官僚エリート層中心の保守派の右党に対して、都市中間層や農民層の声を集めた政党は左党と呼ばれた。左党は一八八〇年に結党されたノルウェー最古の党で、四年後の一八八四年に右党が結党された。一九世紀に誕生したこの二政党は現在も健在で、右党は保守党、左党は自由党と訳されている。

一九〇五年の国民投票の結果、独立賛成三六万八二〇八、反対一八四という圧倒的賛成票で、スウェーデンとの連合関係が解消された。

この独立運動を牽引したのが左党だった。左党は、独立前の一八八二年は六三%の得票を得て七三%の議席をとり、左党単独による議員内閣制を組織した。その後もほぼ毎回、国会で絶対多数の議席を獲得する。ところが、独立後の一九〇六年は四五%の得票で五九%の議席、一九一八年は二八%の得票で四〇%の議席と、少しずつ得票も議席も減らしていく(4)。

左党は票を減らし続けたにもかかわらず、議席を比較的多数獲得し続けることができた。これは小選挙区制だったからである。

一八八七年になると労働党が登場する。一八九八年には、全男性に普通選挙権が与えられた。さらに、一九一三年になると女性にも参政権が与えられた。

こうした時代の風を受けて労働党への支持は伸びていった。しかしながら得票の伸びほどには議席は伸びず、「最大政党の左党が、獲得票の割合以上に多くの議員を当選させているのは、不公平ではないか」という批判が高まった(5)。

一九世紀後半、ヨーロッパでは、『代議制統治論』や『女性の解放』を書いたジョン・スチュワート・ミルが下院議員(無所属)に当選して、英国議会で比例代表制法を提案、ベルギーの数学者であり法学者であるヴィクトル・ドントが、ドント式による比例代表制を発表するなど、各国で比例代表制を求めて大きな波が起こる。

一八八五年八月七、八、九日にはベルギーのアントワープで比例代表制を求める国際会議が開かれた。そこで次のような決議がなされた(6)。

「比例代表制は、国家の本当の多数派に政治的力を与える唯一の手段である。また、少数者たち

には効果的意見を、そして選挙区のすべての重要な団体には正確な数の代表を与える唯一の手段である」（訳筆者）

このようなヨーロッパの動きを受けて、第一次世界大戦（一九一四〜一九一八年）前後から、ノルウェーにも本格的な比例代表制選挙待望論が登場する。

小選挙区制の恩恵を享受してきた多数派の左党は、スウェーデンからの独立後、労働党に押されて党の勢いにかげりが見えてきた。普通選挙権を与えられた男性の票は労働党に流れる傾向にあったのだ。このままでは、労働党に議席をさらわれかねない。「小選挙区制のままでいい」の声は小さくなった。

労働党は一九一五年の選挙で、得票率三二％だったにもかかわらず、わずか一五％の議席しかとれなかった。小選挙区制だったがゆえに、得票率が議席数に正しく反映されていなかったのである。当然ながら比例代表制移行を望んだ。

一方、右党も、これまた得票数に比して議席数が伸びず、比例代表制を求めるようになった。これら主要三党以外の小政党も、議席をとれない小選挙区制には当然ながら反対だった。

選挙にかかわる法律を変える力があるのは国会の多数派だ。当時は、第一党が左党、第二党が右党だった。左党の国会議員が、自分が当選した選挙制度を別のしくみにに変えたいと思うだろうか。

この厚い壁に穴をあけたのは地方議会選挙だった。

小選挙区制選挙時代(1888~89年)のオーモット市議会
(『Flokestyre I Åmot gjennom 150 år 1837-1987』by Kåre Halvorsen, 1990)

『北欧諸国における選挙・政党制度革命』(Bernt Aardal, *The Evolution of Electoral and Party Systems in the Nordic Countries*, Agathon Press)のノルウェーの章によると、一九世紀後半、民意を反映しない選挙結果への不満が地方各地で噴出した。こんなおもしろい例が紹介されている。

「ハウゲスン市では一八八八年に投票した人はたったの二人、一九〇〇年は有権者全員が棄権。サンネフィヨルド市にいたっては、一九〇〇年、一九〇三年の二度にわたって、有権者全員が投票を棄権した」

さらに一八九六年には、有権者の五分の一が望めば、比例代表制によって地方議員を選ぶことのできる市が登場した。その後、比例代表制で選挙をする市が増え続けて、一九一九年には地方選挙では比例代表制が一般的になった。そして一九二五年の地方選挙法で、すべての地方議会議員は比例代表制選挙で選ばれるようになった。(7)

本書にたびたび登場するオーモット市は、「一八八九九年から比例代表制に舵を切りました。三年後の一九〇二年には初の女性議員が誕生しました」(オーレ・G・ナルード談)。

私がノルウェーに関心を持ち始めた一九九〇年代末、政治学者のトール・ビョルクルン(のちにオスロ大学教授)も、私にこう教えてくれた。

「ノルウェーの地方議会選挙は一八三七年から行われ、当時は個人の候補に投票する形式でしたが、一八九六年から比例代表制選挙が始まりました。ただし、全国一斉ではなくて、徐々に広まっていったのです」(三井マリ子著『男を消せ!――ノルウェーを変えた女のクーデター』毎日新聞社、一九九九年)

そして一九二〇年、国会でほとんど反対らしい反対もなく、小選挙区制から比例代表制に完全移行したという(8)。地方議会が国会を先導した形だった。これは、中央集権国家とは異なった地方自治権の強い国家だからこそ可能になった変革なのだろう。

かくして、一九二一年の国政選挙で初めて比例代表制が採用された。その結果、これまで得票数の割には議席が少なかった右党(現保守党)がなんと第一党となった。一方、長年第一党だった左党(現自由党)の議席は激減し、その分、労働党と農民党(現中央党)が大躍進を遂げた。さらに三つの小政党が議席を獲得できた。

比例代表制によって民意が議席数に、より正確に反映されるように変わったのである。

三　民意を切り捨てないきめ細かな選挙制度

ノルウェーの国会議員の定数は、一九の選挙区ごとに四人から一九人まで、人口と面積によって割り当てられると、憲法に定められている。

人口は一人につき一点、面積は一平方キロメートルにつき一・八点で計算されるため、オスロなど都会の選挙区より過疎地の選挙区のほうが、人口比だけによるよりもやや多くの議席が与えられる。ただし八年ごとに計算し直されるので、過疎地区への割り当て定数は減る傾向にある。

「一人一票」の大原則に矛盾するこの制度について、不平等だと言う人もいるが、大多数の政党は「人口の少ない地域でも十分な代表を置くべきた」と支持している。

オスロ大学の教授ハンナ＝マッテ・ナルードは「ノルウェー人は、過疎地域から代表が多く選ばれることを、常に受け入れてきました。その点は、小選挙区制度だった昔でさえ議論にならなかったのです」と解説する。(9)

極北地区への優遇政策（一五四頁）と同じ原理が機能しているようだ。

「平等化議席」（utjevningsmandater）と私が呼んでいる補正議席もまた、弱小政党救済策の一例である。ノルウェー語で、平等・均等にするという意味の「utjevning」に、選挙民からの委任という意味の「mandater」を足してできた言葉だ。

国会議員は、一九の選挙区ごとに比例代表制選挙で各政党の得票数をもとに議席数が分けられる。その計算式は、選挙制度が比例代表制に変わった当初はドント方式だった。しかし、一九五〇年代から「修正サン＝ラグ方式」に変革された。ドント方式より弱小政党に有利になる方式だ（日本はまだドント方式）。

各選挙区の政党が獲得した総得票数を一・四→三→五→七……で割っていく。ノルウェーでは、この割る数まで憲法に明記されている。

しばらくして、小さな政党は一議席も当選させられないことへの不満が大きくなった。そこで弱小政党への票に託された民意を切り捨てないようにするために、さらにきめ細かな手が打たれた。それが、「平等化議席」制度だ。

導入されたのは一九八八年のことだ。国会議員一六九議席のうち選挙区で決まるのは一五〇議席で、その残り一九議席を、一九選挙区に一議席ずつ割り当てるようにしたのだ。

県の選管は投票を締め切ったあと、政党ごとの獲得票をある規則に従って計算した数字を国の選管に伝える。計算式は省くが、要するに選挙区で一議席もとれなかった政党のうち、その計算式で最高ポイントを獲得した政党が、一議席をもらうのである。(10)

例をあげる。二〇〇九年の国会議員選挙で、ヘードマルク県（選挙区定数七）の平等化議席をとったのは左派社会党だった。投票日の夜、テレビ速報で、労働党四、保守党一、中央党一、進歩党一と各党の当選者数が発表された。左派社会党は一議席もとれなかった。同党リスト一位のカーリン・アンデシェンの落胆顔がテレビに現れた。ところが翌朝、「平等化議席のおかげで議席を得ました」という彼女の満面の笑顔が報道された。彼女の当選を願っていた友人は、大喜びだった。これによって、この選挙区の女性国会議員が一人増えて三人になったので私もうれしかった。

政党の届け出の手続きは実にシンプルだ。政党や政治団体は、各県の選挙管理委員会に候補者リストと政党規約文書を届けるだけである。

応募条件は、前の国政選挙で五〇〇〇票以上、当該県（選挙区）で五〇〇票を獲得していればいい。新たに挑戦する政党や政治団体は、その県の住民五〇〇人以上の署名をつけて申請すればいいので、ハードルが低い。二〇〇九年、二〇一三年ともに、二三党もが選挙に名乗りをあげた。

政党交付金については、「政党法」の中に明記されている。上記の条件で政党と認可されたら、補助金が出る。その一〇分の一が基本金で、前の選挙で二・五％獲得した政党に平等に交付される。残りの一〇分の九は、得票数によって政党に配分される。

弱小政党であっても、政党交付金の中の基本金は交付されるのである。ここにも平等精神が生きている。

政党法には、「政党法委員会」の設置も定められている。各政党から代表三人を出して（うち二人は国会議員）、定期的に政党の政治資金問題を話し合う超党派の話し合い機関である。[(1)]

最新の政党交付金総額は四億五〇〇〇万クローネ、円にして約五八億円だ。その約八割が政府から政党本部へ、一・五割が地方自治体（県・市）からそれぞれの県・市政党に直接配分される。(12)残りは一一九頁に書いた政党の青年部などに配分されると想像できる。

日本はどうか。

「政党支部は政党である」との定義は、政党交付金を定めた政党助成法の中に記されている。ところが、である。そもそも日本には、政党を定義する法律がない。ノルウェーのような政治資金の使途を全政党で話し合う委員会もない。あるのは政党助成法という交付金にかかわるザル法だけだ。

自民党が『政治改革大綱』で小選挙区制の導入を唱えた頃、「第八次選挙制度審議会」（首相の諮問機関）が、小選挙区制に加えて、政党への公費助成を答申した。しかし、肝心の「政党」については法制化に含めなかったらしい。その当時の審議会の空気を、石川真澄は、こう表現している（『日本の政治はどう変わる――小選挙区比例代表制』労働旬報社、一九九一年）。

「なお、政党法については、政党法という言葉をつくるつもりは審議会になかったと思います。政党というものについての審議会の考え方のあいまいさ、公職選挙法にいうところの政党と政治資金規正法でいうところの政党と、その都度いわなければ政党とは何かというのがわからない。とにかく、金さえ出してやればいい、という考えが根底にあるように思います」

「金さえ出してやれば」、あとは野となれ山となれだったのだ。実際、政党助成法の制度設計を担当した細川首相秘書官の成田憲彦は、「政党交付金の使途は自由であるべきだとして、制度設計では支出についてほとんど議論されませんでした」と語っている（『朝日新聞』二〇一五年一〇月一七日）。

議員や秘書に下心があれば、公金は怪しげな使われ方をする。また、真面目に使われたとしても、支部（法的には政党）代表は小選挙区制選挙で闘うのだから、政党交付金は代表個人の名前と顔を売るための資金となってしまう。

一方、ノルウェーの政党交付金は、政党中心の比例代表選挙だから、候補者個人の名や顔を売る資金になることはありえない。

二〇一四年夏、私はノルウェーを再訪した。

憲法制定から二〇〇年目を迎える年だった。全国で祝祭行事が行われていた。オスロ中央駅近くの通りを歩いていた私は、駅の壁に巨大な写真が展示されているのを見つけた。近づいて見ると、それは縦四メートル以上、横五メートル以上のキャンバスに焼きつけられた写真で、「ノルウェーの肖像」と題されていた。制作者はトロン・H・ハウゲン（二二九頁写真上）。

ノルウェー憲法は、二〇〇年前の一八一四年、アイツヴォルにあった大実業家の館で制定された。全国津々浦々から選挙で選ばれた一一二人が、一か月以上、寝食をともにして議論を重ねた（二二九頁）。それが「憲法制定議会」だった。その様子は絵画で残されていて、今もノルウェー国会の議長席の背後を飾っている。絵画の名は「一八一四年のアイツヴォル」（二二九頁写真下）。

「1814年のアイツヴォル」から200年後、代議員を現代の国民に置き換えた写真「ノルウェーの肖像」(2014年9月　オスロ中央駅)

憲法制定議会の代議員112人を描いた絵画「1814年のアイツヴォル」
(ノルウェー国会議長席の背後の壁)
https://commons.wikimedia.org/wiki/File:Eidsvoll_riksraad_1814.jpeg

憲法を制定する話し合いに参加できたのは男性だけだった。また、一九世紀初めに教育を受けることのできたごく限られた階層に属する人たちだった。

「一八一四年のアイツヴォル」から二〇〇年経った二〇一四年、憲法誕生二〇〇年を記念する国家的事業として企画されたのが、私の見た「ノルウェーの肖像」だった。

現在のノルウェー国民約五〇〇万人から一一二人が、性、年齢、人種、職種……とさまざまな集団ごとに比例代表的に選ばれた。そしてこの人々をアイツヴォルの館（今は博物館）に集めて絵画と同じ構図で撮影したのが、この写真だった。解説にはこうある。[13]

「一一二人のノルウェー人は、今の私たちです。女性は男性と同数。就労者五七人、失業者二人、学生六人……。農業従事者一人。移民一三人。サーミ一人。クイア（性的マイノリティ）六人。妊娠中の女性一人……」

これこそ民意を最大限に尊重する国ノルウェーの縮図である。私は、二一世紀の日本もこうあってほしいと願いながら、夢中でシャッターを切った。

【注】

（1） Henry Valen and Hanne Marthe Narud, *Professionalizaition, Political Representation and Geography*, Institute for Social Research, Oslo, 1998.

（2） https://www.stortinget.no/en/In-English/Members-of-the-Storting/Financial-support/

（3） https://www.stortinget.no/en/In-English/About-the-Storting/The-Constitution/

Bernt Aardal, "Electoral Systems in Norway, " *The Evolution of Electoral and Party Systems in the Nordic Countries*, Agathon Press, 2002.

（4） Andrew McLaren Carstairs, *A Short History of Electoral Systems in Western Europe*, Routledge Library Editions: Political Science, 1980.

（5） https://www.regjeringen.no/no/dokumenter/nou-2001-03/id143453/?ch=4

Bernt Aardal,"Electoral Systems in Norway," *The Evolution of Electoral and Party Systems in the Nordic Countries*, Agathon Press, 2002.

（6） Andrew McLaren Carstairs, *A Short History of Electoral Systems in Western Europe*, Routledge Library Editions: Political Science, 1980.

（7） Bernt Aardal, "Electoral Systems in Norway," *The Evolution of Electoral and Party Systems in the Nordic Countries*, Agathon Press, 2002.

（8） Andrew McLaren Carstairs, *A Short History of Electoral Systems in Western Europe*, Routledge Library Editions: Political Science, 1980.

（9） Henry Valen and Hanne Marthe Narud, *Professionalization, Political Representation and Geography*, Institute for Social Research, Oslo, 1998.

（10） http://www.legco.gov.hk/research-publications/english/1314fsc49-political-system-of-norway-20140902-e.pdf

Aanund Hylland, *Election in Norway: Notes on the electoral system* (May 16, 2010)

（11） Edited by Hanne Marthe Narud, Mogens N.Pedersen and Henry Valen *Party Sovereignty and Citizen Control*, University Press of Southern Denmark, 2002.

（12） https://www.ssb.no/en/valg/statistikker/partifin/aar/2015-09-07

（13） http://www.architecturenorway.no/stories/photo-stories/riksportrett-14/

あとがき

一九九四年、ＥＵの行政府である欧州委員会に招かれて、ＥＵ諸国や北欧の女性政策を取材する機会があった。この旅で、「ものごとを決める場は一方の性が四〇％いなければならない」とするノルウェーのクオータ制が、ヨーロッパ諸国に大きな影響を及ぼしていることを知った。

その三年後、クオータ制の産みの親ノルウェーに長期滞在した。かつての首相ペール・ボルテンにインタビューした。「イギリスやアメリカなどより、北欧諸国は、なぜ、どこも女性議員が多いのでしょうか」と尋ねると、こんな答えが返ってきた。

「選挙制度の違いです。それらの国は、小選挙区制をとっています。小選挙区制では、一人しか選ばれません。一人ということになると、どうしたって女よりも男が選ばれることになりますよ」（拙著『男を消せ！――ノルウェーを変えた女のクーデター』毎日新聞社、一九九九年）

この言葉は私の脳裏に深く刻まれた。そして二〇年経って比例代表制について、やっと一冊にまとめることができた。

本を出すにあたっては、直接取材のほか、数々の文献から教えを受けた。最も刺激的だったのは、『比例代表法の研究』（森口繁治著、有斐閣、一九二五年）だった。

この本が出版されたのは今から九五年前の一九二五（大正一四）年。日本では「普通選挙法」が制定されて、二五歳以上の全男性に選挙権が与えられた。女性は除外されたものの、貧富の差による選挙権差別が葬られる大改革だった。

その頃の選挙は、一九九四年まで衆議院議員選挙に用いられていた中選挙区制。小選挙区制ほどには票と議員数に乖離がないとは言え「票に比例して代表を選ぶ」という民意尊重精神にはほど遠い「多数代表制」の仲間である。

京都帝国大学教授の森口繁治が書いた古式ゆかしい『比例代表法の研究』のポイントを現代風に翻訳してみた。

「選挙は重要だが、もっと重要なのは選挙の方法である。この不合理極まる多数代表制のもとでは、少数である限り、その投票は反故にされ、実質的には無効票となる。すなわち少数者は、選挙をしないのと同様であり、参政権を有しないのと同様である」

森口は「ゆえに比例代表制にしなくてはならない」と、六〇〇頁を超す旧カナづかいの大著でひたすら叫んでいる。

日本女性が初めて選挙権を行使した一九四六年、衆議院には女性議員が三九人（八・四％）誕生した。当時、北欧スウェーデンが七・八％、ノルウェーが四・七％だから、日本は世界でも女性議員割合の最も高い国のひとつだった。ところがそれから七四年が過ぎた現在、衆議院の女性はいまだに九・九％である。世界を眺めてみれば、女性が国会の半分を占める国も出現し、平均二五％

にまで増えた。日本は一九三か国の中でもうしろから数えた方が早い一六六位に転落した(IPU、二〇二〇年六月)。

なぜだろう。

男女平等を求める女性運動が燃え盛った一九七〇年代、北欧諸国の選挙は比例代表制になっていた。女性たちは、「候補者リスト」の当選圏(上の方)に女性を載せる闘いを展開した。そして、クオータ制を採用する政党が増え、立法府に女性の声がとどろき、日本では考えられないような男女平等施策が打ち出されるようになった。この変革は、拙著の何冊かで書いた通りだ。今では日本の誰もが知るクオータ制だが、北欧諸国はもちろん多くの国々で、比例代表制選挙という土台があったからこそ活きたのである。

私たちが、マイノリティや女性の声の反映する民主主義社会を築きたいのであれば、比例代表制が好ましいのは議論の余地がない。なにしろ、森口が言うように小選挙区制では「少数者は、参政権を有しないのと同様である」のだから。

しかし、小選挙区制から大きな恩恵を受けている政党からすれば、それに代わる比例代表制の話にはおいそれと乗らないだろう。選挙制度が一朝一夕に変えられるものではないことは、よくわかる。

でも、私は変えたい。変えなくてはいけないと思う。

本書は、比例代表制への一里塚のつもりで書いた。これから二里塚、三里塚……と仲間を募りつつ、希望への旅を続けていきたいと願っている。

この本を書き上げるまでには、数多くの方々にお世話になった。とくに次に名前をあげる皆さんや団体には、最敬礼の謝辞を申し上げたい。ノルウェー大使館、ベンテ・シェルヴァン、マグニ・メルヴェール、オーレ・G・ナルード、故ハンナ＝マッテ・ナルード、カーリ・ヒルト、オーモット市の皆々様、NRK、ノルウェー国際プレスセンター、故北村肇『週刊金曜日』発行人、近江直人弁護士、さみどりの会、全国フェミニスト議員連盟。

なかでも第一読者として的確な感想をお寄せいただき、厳しい出版事情のなか刊行を決断してくださった旬報社の木内洋育社長。

Tusen takk（千回分のありがとう）！

なお、本書の文章の一部は、ノルウェー大使館ホームページ、『月刊自治研』、『東京新聞』、『季刊救援情報』（日本国民救援会）、ブログ『FEM-NEWS』に掲載されたものであることを、お断りする。

新型コロナウイルスの猛威静まらない二〇二〇年八月一五日

【著者紹介】
三井マリ子（みつい まりこ）
女性政策研究家。米コロンビア大学修士修了（フルブライト奨学生）。東京都議2期、大阪府豊中市男女共同参画推進センターすてっぷ初代館長、福井県武生市（現越前市）初代男女平等オンブッドを歴任。主な編著書、『バックラッシュの生贄——フェミニスト館長解雇事件』（旬報社）、『男を消せ!——ノルウェーを変えた女のクーデター』（毎日新聞社）、『女たちのパワーブック』（ノルウェー労働党女性局、共訳、かもがわ出版）、『ママは大臣パパ育児——ヨーロッパをゆさぶる男女平等の政治』（明石書店）、『ノルウェーを変えた髭のノラ——男女平等社会はこうしてできた』（明石書店）。

さよなら！一強政治

徹底ルポ 小選挙区制の日本と比例代表制のノルウェー

2020年9月10日　初版第1刷発行

著者——三井マリ子
発行者——木内洋育
発行所——株式会社 旬報社
〒162-0041 東京都新宿区早稲田鶴巻町544
TEL 03-5579-8973　FAX 03-5579-8975
ホームページ http://www.junposha.com/
装丁——平澤智正
編集協力——有限会社 アジール・プロダクション
印刷・製本——中央精版印刷株式会社

©Mariko Mitsui 2020, Printed in Japan
ISBN978-4-8451-1648-5